数学文化进课堂丛书

迷上数学

触动童心的数学文化课

李铁安◎著

教育科学出版社
·北 京·

让数学的神奇
激发儿童的好奇

李文林 辛丑冬

李文林，著名数学史家，中国科学院数学与系统科学研究院研究员、博士生导师。曾担任中国数学会秘书长，中国数学会数学史分会理事长。

谨以此书献给亲爱的孙昊洋小朋友，以及像他一样对数学着迷、对数学问题有强烈好奇心和灵动思维的小朋友们。

　　想象着那一颗颗一清如水的天真心灵，我更加坚定地认为：爱，实在是人类最伟大的主题！

　　这个美丽的图案^①里有哪些数学元素呢？不妨和孩子们一起找一找吧。也可以让他们写下看到这个图案的感受。

---

① 图案创意：李铁安；图案设计：李敖。

这个图案是以五角星为基础图形，在五角星的五个角所在的黄金三角形的内部逐次构造小的黄金三角形，并由此生成五条黄金螺线而形成的，就像一个五角星形的风车。这也是一个宛如金子般的图案，因为它蕴含着极具美学象征意义的比例——"黄金分割比"。

这个图案色彩的设计与呈现绚烂多姿而不失和谐。图案中包含赤、橙、黄、绿、青、蓝、粉、白八种颜色。其中，五角星的五个角是赤色，成为图案的主基调；五角星内正五边形里的五个弓形是橙色；贴在五角星五个角上的最大弓形从顶角处开始顺时针依次为黄、绿、青、粉、蓝；然后对应的那些大大小小的弓形的颜色呈现都有内在规律。你看出来了吗？假如只给出五角星上两个角及其周围的图形的颜色，你可以把其他三个角及其周围所有图形的颜色都按照你发现的规律补上吗？这也是一个很有趣的问题呢！

这个图案是不是充满动人的数学意义，潜含迷人的审美意趣，散发诱人的文化意蕴？那么，我们可以给这个图案起个什么名字呢？

特别推荐

　　高斯说，数学是科学的皇后。在当前我国实施"强基计划"的背景下，数学的重要性不言而喻，中小学数学教育的基础性不言而喻。怎样才能让儿童"迷上数学"？怎样才能"让数学的神奇激发儿童的好奇"？数学文化课真的能"触动童心"吗？高品质的数学文化课又该如何塑造？本书中，作者以其深厚的理论功底、独特的视角和多年的实践沉思，结合别开生面颇具创新的课例，对上述问题进行了深入浅出的阐述。我猜想，读了这本书，你是不是也会和我一样，产生心灵的触动和探索的欲望？

——《小学教学》主编　殷现宾

　　这是一本视野宽广、内涵丰富、意蕴深远的书，值得反复品读、回味。透过书中散文般隽美的文字，我感受到的是一位学者对数学教育、对数学文化的热爱与深情。相信你会同我一样，喜欢上这本书，并在心底与数学文化、数学教育碰撞出更多火花，达成更多共鸣。

或许多年以后，你会发现，它已经成为数学文化课研究的一块基石，而你我，是它最初的读者。

——清华大学附属中学上地小学校长、数学特级教师　张　红

数学文化的厚重深远，在本书清新曼妙的诗意表达中展现。作者将自己对数学文化、数学课堂的洞见转化为轻灵的文字，表达文化可以育人，文化何以育人。本书兼具思想性、艺术性与操作性，可读，可用。

——《教学月刊·小学版》编辑、小学数学名师　邢佳立

如果你还没有发现数理的抽象美，如果你还没有理解公式的简约美，如果你还没有体会数学文化"精致的逻辑"和"诗性的思想"，这本《迷上数学——触动童心的数学文化课》将打开你的视界，赋予你思维的力量，让你在"诗性化学习"中，感受数学之源、数学之品、数学之用、数学之奇、数学之美、数学之谜。尤其是每篇课例后的"育人意蕴"板块，作者在其中所表达的对数学教育的深刻主张和独有深情，定会带给你文化育人的启迪。

——四川省成都市行知小学校正高级教师　杨薪意

目　录
CONTENTS

★上编　数学文化课——意义解读　001

近年来，"数学文化"以其夺目光彩愈发成为数学教育领域的一道亮丽风景，而"数学文化课"也在数学课程改革中日益呈现蓬勃之势。文化可以育人！但文化何以育人？对于如此根本性问题，广大小学数学教师也许依然深感困惑。为此，我们须做追本溯源的逻辑深问。

目 录

★下编　数学文化课——案例解析　　　　085

　　这里选取的 10 个案例，从价值取向上说，立足彰显数学的文化魅力和育人价值；从内容题材上说，既有数学史中的经典史料，也有对现实生活题材的深度提炼，还有基于引发儿童好奇心而设计的数学游戏……。这样的课堂，追求的是让学生在数学化历程中热情体验数学、享受数学和再创造数学，是让学生诗意地栖息于一片文化境界之中！

数学文化进课堂：
深化数学教育改革的新路向

数学独具文化魅力，数学充满文化价值。赏心悦目的数学形式结构、巧妙好玩的数学游戏、妙趣横生的数学故事无疑是学生热爱数学的强大诱因，鼓舞和感召学生迷上数学，从而更好地学习数学和学好数学。早在 21 世纪初我国基础教育课程改革开启之际，在数学学科领域，著名数学教育家张奠宙先生就曾强烈呼吁"数学文化必须走进课堂"。如果从数学教育研究的角度审视，"数学文化进课堂"不啻为深层次促进学生学习的一种实践方法论。

"数学文化进课堂"也是 HPM（数学史与数学教育）研究的重要实践主题。对此，我国著名数学史家李文林先生归纳提出在数学教育中有机融入数学史的"四个有利于"的价值："有利于帮助学生加深对数学概念、方法和思想的理解，有利于帮助学生体会活的数学创造过程、培养学生的创造性思维能力，有利于帮助学生了解数学的应用价值和文化价值、明确学习数学的目的、增强学习数学的动力，有利于帮助学生树立科学品质、培养良好的精神。"而在 2005 年第一届全国数学史与数学教育会议上，我曾提出："充分发挥数学史的教育功能，把数学史的'史学形态'转化为'教育形态'。"在

2007 年第二届全国数学史与数学教育研讨会上，我又提出：数学史融入数学教育的研究应该"夯实理念层面，深化理论层面，加强实践层面。重点和关键是对数学史料育人价值的'挖掘'和'转化'"。聊以欣慰的是，这两次报告得到了李文林先生等一批数学史家和一批数学教育研究工作者的普遍认同，一些数学史、数学教育专业的研究生也投身于这方面的研究。在我和李文林先生的共同指导下，铁安博士完成了《基于笛卡儿数学思想的高中解析几何教学策略研究》的博士论文，这也是国内关于 HPM 研究的第一篇博士论文。

究竟如何理解和落实"数学文化进课堂"？铁安博士《迷上数学——触动童心的数学文化课》这本书，做了颇有价值的创新探索。该书从什么是数学、什么是数学文化、数学有哪些基本特征、数学有怎样的育人价值等问题出发，界定了数学文化课的概念内涵，提出了"课程内容问题化、教师教学人文化、学生学习游戏化"的基本策略，并以十个有创意的课例，生动剖析和解读了高品质数学文化课的基本特征和育人意蕴，深入浅出，相信会深受广大一线数学教师的喜欢。该书通过"上通数学，下达课堂"的立体化建构，既揭示了"数学文化课"的来龙去脉，也展现了一个概念归纳与演绎的完满过程。并不过分地说，这是关于 HPM 研究的一个可资借鉴的方法论案例。

同时，在整个归纳推演的过程中，铁安博士对数学文化这一核心概念的界定提出了其独特见解。众所周知，在广泛的意义上，数学就是一种文化。

20世纪60年代美国数学家怀尔德提出数学文化这一概念后，学界从不同视角界定了数学文化的定义。铁安博士通过追溯数学产生的文化源头，立足数学的本质特征，对数学文化做了别出心裁的概念界定，认为数学文化是显性的数学知识形态与隐性的数学精神形态的内在统一。这一定义不仅富有学术价值，而且对于如何将数学文化融入数学课堂教学也有清晰的实践指导意义。

展望未来，对于我国中小学数学教育教学改革来说，无论是理论研究还是实践探索，数学文化进课堂都是一个激动人心的问题。围绕这一问题，殷切希望铁安继续秉持科学精神，保持旺盛热情，坚持不懈地展开更深更广更新的研究，并不断取得新的突破，为中国基础教育数学课程教学改革做出更大贡献！

记得在铁安进入中国教育科学研究院工作之初，我曾对他说："站在中国教育科研的最高平台，我特别期待你能够塑造高品格的学术修养，创造高品质的学术成果，真正发出有价值有意义的学术声音。"对此，我依然热切期待……

（宋乃庆，西南大学二级教授，博士生导师，教育部西南基础教育课程研究中心主任，国家级教学名师，当代教育名家，中国教育学会原副会长，原西南师范大学校长，西南大学原常务副校长。）

数学教学方法论的新突破

在这信息万变的大千世界，每天都有读不完的新闻、故事和图书，但是李铁安博士的《迷上数学——触动童心的数学文化课》却让我读到爱不释手。我不但被书中优美新颖的文字所迷住，被他对数学文化的由衷热爱所感染，也被他对数学文化的本原追究和精准定义所信服，更被他对数学文化的育人价值、以育人为本的立场定位所感动。触动童心的数学文化课——在我看来，这是超越传统数学教学理念的一种教学方法论的新突破。

在目前世界各地数学教育评价系统还是以考试为主的数学教学中，正如李博士理性指出的："还缺少一种价值关照，一份淡定从容，一股自由意趣和一腔文化柔肠！"李博士所设计并付诸实践的数学文化课不仅帮助孩子们在玩数学和做数学中学习数学知识，更让他们从中"体验一种再发现与再创造的过程，以达到培育他们的宇宙观念、主体意识、崇高信念、高尚情感、价值追求、诗性智慧、理性思维的目的"。这样宏伟的境界体现了他对数学教学的本质的认识，彰显了他对数学育人为本的追求。

李博士所倡导的数学文化课中的育人为本的思想，体现了他对儿童的数学知识学习和身心健康成长发自内心深处的关心。没有对教育的诚挚热爱，哪会有他在本书里呈现的为儿童精心设计的精彩的数学文化课例？这些课例不但"唤醒儿童的诗性智慧和培育儿童的创造力，让儿童步入充满数学文化意蕴的阳光殿堂"，并且促使他们"怀着对知识、智慧、精神乃至生命的渴望热情体验数学、享受数学和再创造数学"。这样的诗境课堂是我们每个人梦想的数学学习课堂，也应当是当今老师们的追求目标。李博士对数学文化多年的执着研究告诉我们：这种让儿童尽情享受数学、经历发现和创造的充满诗意与理性的深刻的数学学习不是梦想，是可以实现的。

我有幸在 2017 年和 2019 年到大连参观李博士所指导的两所实验小学。两所学校的数学文化让我们感觉到了欢乐的儿童乐园，所观赏到的，是学生们绚丽多彩的数学创新作品，是学生们玩中学的情景和数学游戏。和我一同参观的国际学者和老师非常惊叹中国有这样一个梦幻般的数学乐园。在这里，我们看到了孩子们数学学习的欢乐笑容，感受到了他们对数学学习的热爱，更重要的是，从这些孩子的数学文化作品中，如他们运用几何知识设计的各具特色的商标和创作的数学小故事，我们观察到了他们通过数学文化的学习所显示的创新能力及数学理性思维。

本书呈现的精彩课例处处展现了李博士对文化融于课堂的远见卓识及国际教育的新理念。例如，近来国际上又开始倡导具有文化响应式的教学法——culturally responsive pedagogy（CRP）。这种方法是拉德森-比林斯（Gloria Ladson-Billings）博士在 20 世纪 90 年代初提出的一种教学框架。它是一种以学生为中心的基于三个基本支柱的教学方法，三个基本支柱包括学习成果、文化能力、社会政治意识。其中，文化能力要求老师了解文化及其在教育中的作用，并通过这种方法，使学生独特的文化力量得到识别、尊重和培养，以促进学生的学习成果和对文化未知渴望的幸福感生成。（Ladson-Billings，1995）在李博士所设计的数学文化课堂中，如"一圆三线"的教学课例，学生根据自己的生活经验完成了丰富多彩的设计、分类，然后联系实际进行应用。教师热情肯定学生的巧妙思维创造，并且引导学生进行"意义建构"，这个过程就是对学生的创作和学生所经历的社会文化进行有机连接的过程。这个过程不仅让学生有机会经历并见识到多元的文化个体所进行的不同的、有特色的作品设计，得到老师的尊重，而且使学生独特的数学文化创造力量得到识别和培养。同样，书中的"五角星的数学奥秘"一课，从探索五角星中角的奥秘到探索五角星中线段的奥秘，让学生经历了说五角星、画五角星、玩五角星、探五角星、赏五角星五个相连的环节。除了提高学生的数学逻辑思维能力，各个环节还蕴含不同的育人功能。这种设计思路在他所有的课例中都得到了充分彰显。

在具有文化响应能力的教室中，学生的经历、意见和表达能得到老师的识别和尊重，并借此来连接严格的新学习。在李博士设计的"好玩的一笔画"课例中，老师巧妙地应用数学文化来引导学生探究能进行一笔画的图形的规律。第一个环节是让学生经历一笔画的过程，并且把他们各有特色的一笔画展示、表达出来。老师的感叹"哦，这么多图案都能用简单的一笔画出来，你们的想象和创意都很独特"中蕴含着老师对学生各具特色的作品的肯定和尊重，也为下面的四个环节——培养学生从形象思维向逻辑思维过渡，打下了动力基础。环节三的图表建模有助于学生探索及使用规律来判断图形，解决了"哥尼斯堡七桥问题"这一历史问题。 特别可赞的是，环节四的洒水车行走路线问题把数学史问题转换成了现实生活问题，让学生的问题解决既充满了挑战也有了学以致用的现实意义。这堂课是一个探讨如何把数学史引进现代数学课堂，如何把数学文化融入学生的日常生活，如何肯定、尊重学生各自的文化经历、意见、表达并用此来连接、推动他们严谨的数学学习的生动课堂实例。更重要的是，此课的设计植根于育人的理念，它让学生经历数学家解决问题时的尝试和过程，如让学生体会到：（1）发现——"第四幅图我尝试了从所有的点开始画，但发现无论从哪个点开始都不能一笔画"；（2）困惑——"在画的过程中有时候还挺着急，试了好多次，真想一次成功。如果能有规律就好了"；（3）找规律——"我发现奇点个数是0或2的就能一笔画"；（4）解决问题的"Aha Moment"——恍然大悟的时刻。

我非常欣慰地从本书中看到李博士所提倡的数学文化课并不是简单地让学生在玩中学数学，或者是把数学史、现实生活带到数学课堂上而忽略了数学教育的本质。他的数学文化课展现了育人的价值及让学生体验发现、提出问题和分析、解决问题的过程，并在探索的过程中"让数学的神奇激发儿童的好奇"。

如何有效地把数学文化融入日常数学课堂，对大部分数学老师来说是个挑战。李博士的这本书给我们一个"Aha Moment"，让每位老师都可以设计出令学生感到轻松愉快的数学文化课。只要我们以育人为本，让学生在数学课上根据各自的文化经历来体验再发现与再创造的过程，此过程即教育树人的过程。

（安淑华，国际数学教育专家，美国加州州立大学长滩分校数学教育研究生部主任、教授、博士生导师。）

让数学的神奇激发儿童的好奇

这是来自宇宙深处的神圣密码，这是大自然里蕴含的神秘规律，这是人类诗性智慧和理性精神激荡而生的美妙音符，这是洋溢着真善美光辉的人类神奇而伟大的文化创造。究竟是什么享有这至高赞誉？是的——是数学！

数学，对每一个人而言，你可以喜欢它，你也可以厌恶它，但你不能没有它。因为假如没有数学，你的生活和生命或许会遭遇无谓的鲁莽与无奈的迷茫！

——题记

追溯百年来国内外中小学数学教育教学改革，其中卓有成效的理论研究与实践探索都雄辩地表明：诱发和培育学生的数学学习动机——"让学生热爱数学"，是切实提高数学教育质量的决定性因素。虽然因"动机"以至"热爱"对于所有的学习都是决定性的，但对数学这一学科的学习，它的功用显得更为重要和突出。为此，究竟如何让学生热爱数学，就成为数学教育理论与实践探索的热点问题和永恒主题。事实上，这一问题的解决已积累并生成了许多宝贵成果，但它依然是时下中小学数学教育教学改革的重点问题和难点问题。特别是进入新时代，作为立德树人的主动脉，数学课堂教学如何彰显育人功能问题，也是广大中小学数学教师在教学实践中的核心关切与强烈诉求。

让我们首先品读一首小诗：

数学是死亡之源，

它（让人）像入地狱般痛苦。

它让孩子想破脑汁，

它让家长急得转圈。

它让校园死气沉沉，

它使生命慢慢离去。

生命从数学中走去，

一代代死得超快。

那是生命的敌人，

生命从数学中走去。

珍惜宝贵的生命吧，

一代代死得超快。

数学是死亡之源。

这是曾经在网上流传的一个 10 岁女孩和她的同学抒发的对数学憎恨至极的小诗。虽然这只是几个儿童的孱弱声音，但确有足够的事实和经验让我们不得不信：这将代表多少儿童感同身受的心声啊！这样的心声，又将汇聚怎样强劲的"同频共振"并形成怎样可怕的"负能量"呢？

我们不能不深度思考：为什么儿童如此讨厌以致憎恨数学？或者说，为什么数学让儿童如此讨厌以致憎恨？究竟是数学自身就不招人待见，还是促使儿童遇见数学的哪个"运输环节"—不小心就"被贪污"①以致"玷污"了数学固有的价值和魅力？数学究竟有什么特征？数学究竟有哪些独特的价值和魅力？特别是：儿童对数学学习究竟有怎样的期待和向往？究竟如何让数学真正走进儿童的心灵？究竟如何让儿童真正经历深刻的数学学习？究竟

---

① 指没有较为完整地将数学固有的价值和魅力呈现给学生。

如何让数学教育为儿童当下成长和终身发展奠基？这是许多年来国内外小学数学教育相关工作者深感困扰并孜孜探索的难点问题，而站在新时代立德树人的立场思量，这又是尤为突出和必须突破的重要主题与核心关切。

◇ 试问：数学的价值和魅力何在

审视数学发展的历史经脉，倾听数学进化的强劲足音，比照人类文明的漫漫历程，不难发现：数学是人类伟大而神圣的文化创造，是人类在探索客观世界特征和规律过程中的独特发现与发明。这种发现发明的结果与过程不仅包括数学概念、公理、原理、定理、公式、方法以及猜想和问题等丰富的数学知识形态，也蕴含人类的宇宙观念、主体意识、崇高信念、高尚情感、价值追求、诗性智慧、理性思维等深刻的数学精神形态。正是数学知识形态与数学精神形态的内在统一构成了一个庞大的数学文化系统。数学充满文化意义！

数学的文化意义决定了数学非凡独特的文化品质，也决定了数学广泛深刻的文化价值。对此，许多著名的数学家、科学家、思想家、哲学家、艺术家等都有精准精妙的阐述。古希腊伟大的哲学家苏格拉底宣称：数学能把人的灵魂引导到真善美！意大利科学巨匠伽利略坚信：宇宙大自然的奥秘写在一部巨大的书上，这部书是用数学语言写成的。法国著名哲学家和数学家笛卡儿确信：宇宙中的一切问题都可以转化为数学问题，一切数学问题都可以转化为代数问题，一切代数问题都可以转化为解方程问题。英国著名哲学家培根认为：数学是科学的大门和钥匙，忽视数学必将伤害所有的知识，因为忽视数学的人是无法了解其他科学乃至世界上任何其他事物的。伟大的思想家和哲学家马克思指出：一门科学只有当它成功地运用了数学时，才得到了真正的发展和完善。意大利著名艺术家和科学家达·芬奇相信：在科学上，凡是用不上任何一种数学或者和数学没有联系的地方，都是不可靠的。德国著名数学家 F. 克莱因赞誉：音乐能激发或抚慰情怀，绘画能使人赏心悦目，诗歌能动人心弦，哲学使人获得智慧，科学可改善物质生活，但数学能给予以上的一切。中国现代数学大师华罗庚细数：宇宙之大，粒子之微，火箭之速，化工之巧，地球之变，生物之谜，日用之繁，无处不用数学！

数学的文化意义还决定了数学深具无以替代的教育意蕴。当数学的文化意义辐射到教育活动中，数学将淋漓尽致地发挥出激发人、鼓舞人并促进人在思维、思想、情感和精神等方面得以完满释放与塑造的"化人"功能，这正是数学的"育人品格"。具体体现在：在学生学习数学的过程中，数学的知识体系和思想精神能潜移默化地发挥其强大而深远的育人功能，能不断塑造学生追求真善美的自觉自主之情怀、诚实正直之品性、坚韧勇敢之精神，能使学生更为深入地理解和掌握数学发现与创造的基本原理、认识方法、实践方法，养成独立思考、严谨务实的科学态度，能激发学生火热的好奇心、敏锐的问题意识、大胆的想象力和创造力等。可以说，数学能够更全面有力、切实有效地培养和丰富学生的人文底蕴和科学精神。

◇ 追问：假如这个世界没有数学

我们需要回应那 10 岁女孩的小诗，我们应该深切抚慰那小诗背后涌动的生命宣言，我们要说：孩子！数学并不"该死"！数学更不是"死亡之源"！最为简单的追问：假如没有数学，这个世界会怎样？人类生活会怎样？人类何以认识这个世界？人类何以经营自己的生活？其实我们可以以最简单的一个事实为例：假如没有"1"这个数，想想会怎样？事实上，"1"是人类通过对自然界中存在着的一个太阳、一棵树、一头牛等类似现象不断感知，最终抽象出来的反映它们所具有的共同属性的一个量。那么假如没有"1"这个数，"2"又从哪里来？全体自然数从哪里来？整个数系从哪里来？显然，假如没有"数"这个工具，这个世界和人类生活必将一塌糊涂（我们甚至用这个词都离不开"1"）。更不必说发展到今天的日益累积、不断完善的数学成就，已然"360 度全方位立体化无死角"强劲地发挥着惠及人类的功能。对每一个人来说，你可以喜欢数学，你也可以厌恶数学，但你的生活中决然不能没有数学！假如没有数学，你的生活或许将是无法想象的！尼采曾说："没有音乐，人生将是一场错误！"我们是不是也可以试着类比说：没有数学，人生将是一场错误！

为此，我们应该送给太多如那个 10 岁女孩那样虽憎恨数学却有着清澈心灵的儿童一首由衷赞美数学的小诗——

啊！数学——神奇的数学！

你是刻画宇宙规律的精准语言，

你是打开科学大门的精致钥匙，

你是服务日常生活的精妙工具，

你是开展思维活动的精密模式，

你是创造人类思想的精良武器，

你是塑造人类智慧的精美花朵，

你是彰显人类理性的精神高峰……

是的，这真是一道蔚为壮观的精彩的数学文化风景！数学沉潜着迷人动人吸引人的神奇魅力，隐藏着至真至善至美的熠熠光辉，蕴含着高尚高贵高雅的超凡气质。从这个意义上说，数学哪里是"生命的敌人"和"死亡之源"？数学是"人类的精神"和"永恒的生命"！

◇ 叩问：谁毁了数学的"人设"

再回首审视那个 10 岁女孩的小诗，我们要深思：那原本激动人心的数学怎么就这样"无辜"地成为"生命的敌人"和"死亡之源"了呢？问题也许在于：社会舆论往往因为过分渲染数学本身的高度抽象性和严格逻辑性，不免使数学常以冷峻的姿态与人们保持庄严而遥远的距离，致使数学被人为地冠以"神秘高深、刁钻冷酷、捉摸不透、让人头疼"的恶名。"奥数班"里传授的数学，往往因无度地训练深奥的难题怪题，过分地追求解题的方法技巧，特别给那些本不愿学习奥数的儿童（通常是被家长安排的）留下了数学更加抽象深奥的印象，使其产生数学难懂难学的恐惧，最终使数学学习自信心严重受挫，从而产生对数学的负面记忆。更为主要的是，在时下小学数学课堂教学中，因过分追求知识的准确率和技能的熟练度，缺少对数学内涵本质的揭示和文化价值的彰显，致使数学难于对儿童的情感和思维产生强劲的穿透力；因过分追求热热闹闹的小组"合作交流"，致使儿童独立思考与自主探究学习过程缺失；因过分追求课堂预设的教学流程与进程，致使儿童的个性化思维和随机生成的宝贵问题被忽略以致被扼杀，最终导致儿童的自信心、好奇心、学习兴趣受挫，以及儿童对解决数学问题的意识和灵动的创造性思维被消解与磨灭。

诗哲泰戈尔说："如果鸟翼上系上了黄金，这鸟就永远不能展翅飞翔了！"以上这些让我们不禁思考：当下我国小学数学课堂教学的育人格局是不是太小了？育人境界是不是太低了？我们的数学课堂还缺少一种价值关照，一份淡定从容，一股自由意趣和一腔文化柔肠！

◇深问：数学"尊严"何以重塑

站在更高的育人目标审视，当下我国小学数学课堂教学肩负的根本任务是：要竭力让儿童更深切地认识到数学的内涵本质与文化价值，从而牢固树立正确的数学观和数学学习观；要竭力让儿童更自觉地焕发出学习数学的浓烈兴趣和学好数学的坚定信心；要更有力地激发儿童大胆强烈的好奇心和灵动旺盛的想象力，从而培养儿童良好的数学化思维方式、强劲的问题解决能力、实践创新精神等。毫无疑问，这就必须深化小学数学课堂教学改革，提高数学教育质量。这也就意味着必须改善儿童的数学学习境遇，必须为儿童提供一种高品质的数学学习生活！

纵观国内外中小学数学教育教学理论研究与实践，对究竟如何提高数学教育质量已形成基本共识，这就是首先要竭力"让儿童热爱数学"。而"彰显数学的文化价值和育人品格"也愈发成为"让儿童热爱数学"的切实路向与实践举措。进入21世纪以来，在近二十年基础教育课程改革的浪潮中，我国中小学数学课程改革无疑是非常活跃而生动的领域，这其中，无论是《全日制义务教育数学课程标准（实验稿）》和《普通高中数学课程标准（实验稿）》，还是《义务教育数学课程标准（2011年版）》和《普通高中数学课程标准（2017年版）》，概而言之，都鲜明地提出了彰显文化价值的数学观、数学教育观和数学课程教学观。与此同时，中小学数学教科书也特别强化了数学文化题材的选择与呈现。

何以如此？这皆缘自在浩瀚的数学史海洋中，数学之源、数学之品、数学之用、数学之奇、数学之美、数学之谜等美妙的数学文化题材，是激发儿童对数学的好奇心、鼓舞儿童的求知激情、调动儿童学习的内在动力和坚定数学学习信念的最直接最有效的诱因，是儿童学习数学和创造数学的原动力。可以说，深化中小学数学课堂教学改革的一个切入点和突破口就是，塑造充分彰显数学文化价值、充分发挥数学育人力量的"数学文化课"。而实践表明，数学文化课也在数学课程教学改革中日益呈现蓬勃之势。

童心是最清澈而富有诗意的！在儿童的精神世界里，总有率性大胆的天真好奇在澎湃，有刨根问底的执着追问在纠缠，也有违背逻辑的胡思乱想在跳跃，还有别出心裁的审美直觉在荡漾，有天马行空的灵动创意在飞翔。数学文化课最能为儿童放飞好奇心和激活想象力插上雄健的翅膀，最能为儿童问题解决能力和创造性思维能力的发展注入强劲动力，最能把儿童纯真清澈的心灵引导到真善美！由是，也最能让本是悦目赏心的数学真正走进并感染学生的心灵，最能让本是天真好奇的儿童真正经历刻骨铭心的数学学习。即：数学文化课可以让儿童真正了解数学的内涵本质，真正认识数学的意义与价值，真正理解数学的思想观念，真正焕发热爱数学的积极情感，真正树立学好数学的坚定信心，真正掌握数学的思维方式，真正提升问题解决的能力，真正培育创造能力和创新精神等。特别是，对儿童的一生来说，学过的数学知识也许会渐渐淡忘，但数学的文化精神可以一直在其心灵深处脉脉流淌，并以看不见的神奇力量滋润他们人生的成长。探索实践数学文化课，这也是我国中小学数学课堂落实立德树人根本任务的集中体现。

◇让数学的神奇激发儿童的好奇

让数学的神奇激发儿童的好奇——这或许是塑造高品质数学文化课的一个支点。所谓好奇心，就是这个世界中超越人类经验的事物引发的人类的惊异——这是什么？为什么？这可如何是好？于是由好奇心又自然生发出问题意识。好奇心和问题意识是人类的"精神基因"，是人类面向未来得以在自然界生存的立足之本，也是人类高贵之处的根源。

让数学的神奇激发儿童的好奇——其本质就是通过数学中那些曼妙的数学规律、数学问题与数学思维，让儿童产生神秘、惊诧、怀疑、兴奋和震撼等美好、深刻的精神体验。如果做意境化的想象，数学的神奇所激发出来的就是总能让儿童不由自主地感叹"啊？""啊！""噢！""什么？""怎么会？""为什么呢？""居然是这样！""竟然是这样！""原来是这样啊！""真的是这样啊！""这也太不可思议啦！"。诸如：

1，2，3，4，5，6，7，8，9，10……，之后是成百上千，再之后可以到万，再到亿，再之后还可以到十亿百亿千亿万亿……。啊！自然数竟然可以这样一直数下去而没有尽头啊！

将自然数"1"无休止地对半分，那最后会变得多小啊！但无论怎样继续分，总是有剩余的！倒也是，"一尺之棰，日取其半，万世不竭"（《庄子·天下篇》）。

对于任意一个自然数，如果它是偶数，就除以2；如果是奇数，就乘3再加1。这样的程序重复进行，最后总会得到1。啊？居然是这样啊！这也太神奇了吧！

在九宫格里填入1—9这九个数，竟然可以出现横行、纵行和对角线上的数字之和都等于15啊！

如果你是在百无聊赖中做过这样的加法：

3+3=6；3+5=8；5+5=10；5+7=12；7+7=14；5+11=16；7+11=18；7+13=20。

然后你又恰好是在无所事事中把这些算式递过来写了一下：

6=3+3；8=3+5；10=5+5；12=5+7；14=7+7；16=5+11；18=7+11；20=7+13。

然后，如果你一不小心发现了这些算式的左端其实都是偶数，那么你是否也一不小心发现：

算式右端的两个数怎么这样独特呢？它们究竟有什么特点呢？进而你又有怎样的猜想呢？

任意一个三角形中，三个内角的和都等于180°！

任意一个凸多边形中，所有外角的和都等于360°！

任意一个直角三角形中，两个直角边的平方和居然正好等于斜边的平方！

任意一个三角形中，三条中线、三条高线、三条角分线都分别交于一点！

原来在五角星里居然隐藏着神奇的黄金分割率呢！

任意一个圆的周长除以直径居然总是除不尽！而且竟然总是大致等于3.14那样的一个神奇的数！

如果给定了一个圆，我们真的做不出一个与这个圆的面积相等的正方形吗？

如果将两个同样大小的纸圈以互相垂直的方式粘在一起（见下页图），之后用剪刀沿着每个纸圈的中线剪开，最终会变成什么样呢？变成四个与原来纸圈周长一样的圆圈，还是两个原来纸圈周长两倍的大圆圈？它不会变成一个正方形吧？正方形——怎么会呢？那么它到底变成什么样了呢？

　　数学大师陈省身曾说过："数学好玩！"是的！数学真的很好玩！但当我们从事数学教学时，常不可避免地把数学学习与考试升学捆绑起来，似乎如果不是因为考试和升学，即便数学好玩也不必去学。既然数学好玩，为什么不能给儿童提供好玩的数学呢？为什么不让儿童好奇地纵情地玩一玩神奇好玩的数学呢？为什么不能让儿童哪怕只为张扬生命的天真和激情以及挑战自己的智慧，也要学一学数学呢？伟大的科学家爱因斯坦曾深情感叹："如果欧几里得未能激起你少年时代的热情，那你就不是一个天才的科学家。"这无疑为"让数学的神奇激发儿童的好奇"做了一个发人深省的注解。

　　让数学的神奇激发儿童的好奇——其追求是唤醒儿童的诗性智慧和培育儿童的创造力，让儿童步入充满数学文化意蕴的阳光殿堂，怀着对知识、智慧、精神乃至生命的渴望热情体验数学、享受数学和再创造数学。仿佛倾心弹奏一架数学钢琴，让儿童尽情享受数学的美丽美妙和温暖温馨。这是一种充满诗意与理性的深刻的教学，这是一种隽永的教育境界。当然，这首先一定是数学！

让数学的神奇激发儿童的好奇——其结果是能够真正让儿童摆脱对数学的恐惧，改善对数学的情绪，促进对数学的理解，提升对数学的领悟，满足对数学的享受。果真如此，果能如此，料想就会让更多如那个 10 岁女孩那样——虽然曾经憎恨数学却有着清澈心灵的儿童，也都真正爱上数学，迷上数学，并由衷感叹：

啊！数学——

神奇的数学！

迷人的数学！

上 编

数学文化课
——意义解读

宛如春天的紫罗兰尽情绽放——近年来，"数学文化"以其夺目光彩愈发成为数学教育领域的一道亮丽风景，而"数学文化课"也在数学课程改革中日益呈现方兴未艾的蓬勃之势。尤其是在小学数学教学改革中，那些异彩纷呈、妙趣横生的数学文化课，已然使一度对数学学习缺少乐趣或丧失信心的学生蓦然走进了一个引人入胜、赏心悦目的数学新世界——数学如此多娇！数学的天空如此辽阔美妙！

这种令人欢欣鼓舞的气象，让我们不禁对深入探索数学文化课与深化小学数学教学改革更加充满期待。文化可以育人！但文化何以育人？对于如此根本性问题，广大小学数学教师也许依然深感困惑。为此，我们确需做追本溯源的逻辑深问：

究竟什么是数学？

究竟什么是数学文化？

数学究竟有哪些基本特征？

数学究竟有怎样的育人价值？

究竟什么是数学文化课？

究竟如何塑造高品质数学文化课？

什么是数学

——历史经脉的觅踪

究竟什么是数学？这是认识和理解数学的根本问题，也是开展数学教育的逻辑支点。虽然人们普遍认为"严格""精准"是数学的独特气质，但若真要定义"什么是数学"，真要对数学的本质内涵做出"严格""精准"的回答，却并不像"1+1=2"这般简单明朗和不容置疑。

许多数学家和哲学家都曾饶有兴致地描述过"数学是什么"——

古希腊哲学家柏拉图宣称：数学是一切知识中的最高形式。

法国哲学家、数学家笛卡儿坚信：数学是知识的工具。

德国哲学家黑格尔感叹：数学是上帝描述自然的符号。

英国哲学家、数学家罗素认为：数学是符号加逻辑。

英国哲学家培根比喻：数学是打开科学大门的钥匙。

德国数学家高斯确信：数学是科学的皇后。

事实上，这些隐喻性描述虽然为人们展开了一幅异彩纷呈的数学风貌，但并没有真正揭示数学的本质内涵。更意味深长的是：数学没有一个一劳永逸的精准定义！对此，我国著名数学史家李文林先生（2011）[6]深刻指出："数学本身是一个历史概念，数学的内涵随着时代的变化而变化，给数学下一个一劳永逸的定义是不可能的。"历史的概念确需"历史的理解"——这正是历史的唯物论和辩证法。那就让我们在追寻数学发展的历史足音中去把握数学概念的演化历程吧。

数学史是关于数学发展进程与规律的科学，它所反映的正是数学发展的事实依据与历史逻辑。因此，基于数学史认识数学概念的产生、变化与发展，无疑也能为准确理解数学概念提供更有说服力的事实依据和历史逻辑。

数学发展是一个错综复杂的文化演进过程。描述数学总体发展过程的线索既可按照时代的顺序，也可按照社会发展的历史背景，还可以按照数学知识体系内在的发展过程等。综合这些线索，可将数学发展历史按如下阶段划分（李文林，2011）[9]：

表 1–1　数学发展历史阶段

发展时间	公元前 6 世纪前（数学起源时期）	公元前 6 世纪至 16 世纪（初等数学时期）	17 世纪至 18 世纪（近代数学时期）	19 世纪 20 年代至现在（现代数学时期）
发展阶段	数学早期发展	古希腊数学（公元前 6 世纪至 6 世纪）	变量数学的建立	现代数学的酝酿（19 世纪 20 年代至 1870 年）
		中世纪东方数学（3 世纪至 15 世纪）		现代数学的形成（1870 年至 20 世纪 40 年代）
		欧洲文艺复兴时期数学（15 世纪至 16 世纪）		当代数学（1950 年至现在）

◇ 远古的数学启蒙："数"与"形"

就数学的起源来说，远古人类就如撑着一叶发明发现数学的小舟，在尼罗河、底格里斯河与幼发拉底河、印度河与恒河以及黄河与长江等河谷文明的航道上风雨飘摇，穿梭漂泊。在长期认识、适应和改造大自然的实践过程中，远古人类最先形成了对"空间"和"时间"的感知，在此基础上逐渐发现并形成"数"和"形"的概念。

自然数"1"或许是远古人类通过对自然界中存在着一个太阳、一棵树、一头牛等类似现象的长期感知，逐渐发现了它们在"量"上具有同一的"单位性"，于是最终把反映它们所具有的共同属性的这"一个单位量"抽象出来，就记为"1"。有了"1"的概念之后，"2"与"1+1=2""2+1=3"等才成为可能。（这里是不是可以推测：远古人类发明"1"的过程已经蕴含了自然数"序"与"基"的内在统一？）因此，"1"不仅是自然数的始基，而且是一切数中最基本的数，是计量一切数的单位。毫不过分地说，它也是一切数学的开始。

同样，"形"的概念也应该是远古人类通过对自然界存在的各种各样实物的长期观察，比如从经常遇见的太阳月亮、高山流水、石头树棒等所呈现出来的物理形态结构中，逐渐萌发出的几何直觉和空间意象。① 这说明，"数"和"形"是数学最原初的也是最基本的概念。（见图 1-1 至图 1-4）

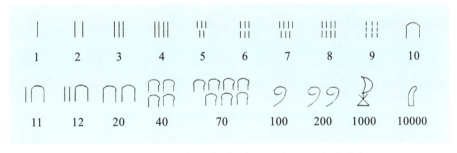

图 1-1 古埃及象形数字（公元前 3400 年左右）

① 远古人类对"形"的抽象也许要比对"数"的抽象更早也更为容易。每天高悬于天空的圆圆的太阳对于远古人类抽象出"圆"形是不是具有得天独厚的优势呢？而对"圆"的抽象难度是不是也会比对"1"的抽象难度更小一些呢？

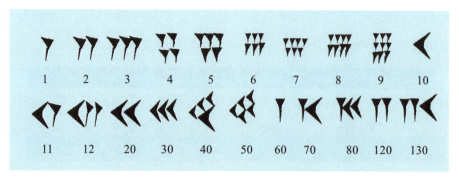

图 1-2 巴比伦楔形数字（公元前 2400 年左右）

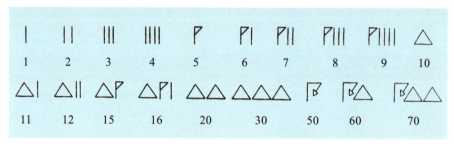

图 1-3 中国甲骨文数字（公元前 1600 年左右）

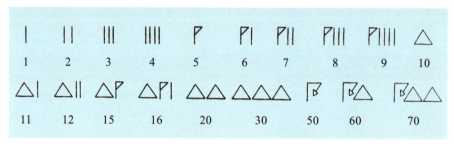

图 1-4 古希腊阿提卡数字（公元前 500 年左右）

◇ 古希腊的信仰：万物皆数

从远古直至约公元前 6 世纪，发明发现数学的小舟在那时的古埃及、巴比伦、古印度和中国等地遍洒了弥足珍贵的关于"数"和"形"以及"算术"和"几何"的种子，它们不断生根发芽。而从大约公元前 6 世纪开始，这叶小舟逐渐"升级"壮大为一艘坚实的航船，徐徐驶进辽阔的爱琴海的怀抱，从此人类迎来了数学发展的春天——古希腊数学时代。

在数学发展史上，古希腊被认为是数学产生的策源地之一。古希腊数学家特别钟情于对关乎"形"的几何问题的研究，这仅仅从当时的几位数学家泰勒斯、毕达哥拉斯、欧几里得、阿基米德等的数学成就中就可获得答案。

泰勒斯可能是现在所知的最早的数学家，他天才地发现并证明了"圆被任一直径二等分""等腰三角形的两底角相等""两条直线相交，对顶角相等""半圆的内接三角形一定是直角三角形""如果两个三角形有一条边以及这条边上的两个角对应相等，那么这两个三角形全等"等关于平面几何的几个基本定理；而且，这位"哲学和科学之祖"还开创性地提出了数学需要命题证明的思想，为数学成为一个严格的逻辑体系和获得进一步发展奠定了基础。（见图1-5）

图1-5 泰勒斯测量金字塔高度的方法

毕达哥拉斯学派深受泰勒斯数学观念的启发，在几何学方面的贡献主要包括用演绎法证明的"毕达哥拉斯定理"，以及"三角形内角之和等于两个直角"；发现了正五角形和相似多边形的作法；还证明了正多面体只有五种——正四面体、正六面体、正八面体、正十二面体和正二十面体；发现了正三角形数（1，3，6，10⋯⋯）、正方形数（1，4，9，16⋯⋯）、正五角形数（1，5，12，22⋯⋯）等。（见图1-6至图1-10）

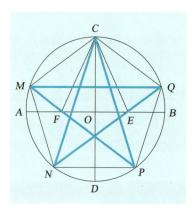

图 1-6　正五角形

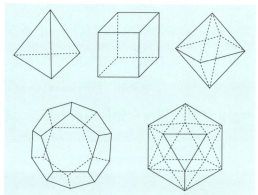

图 1-7　正多面体：正四面体、正六面体、
正八面体、正十二面体、正二十面体

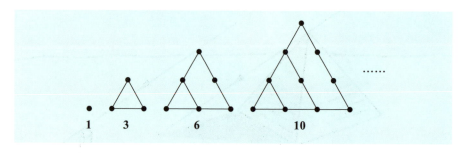

图 1-8　正三角形数

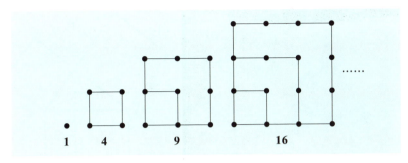

图 1-9　正方形数

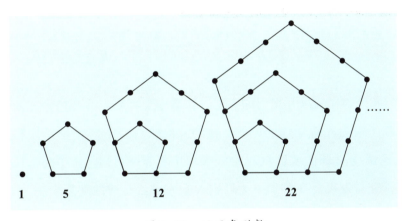

图 1-10　正五角形数

　　到欧几里得时代，汇聚了古希腊数学思想并被后世誉为科学典范和"圣经"的鸿篇巨制《几何原本》问世。它不仅是平面几何知识体系的集大成者，更为重要的是，它真正构建了数学严密的公理化演绎系统，让"世界第一次目睹了一个逻辑体系的奇迹"。（见图 1-11、图 1-12）

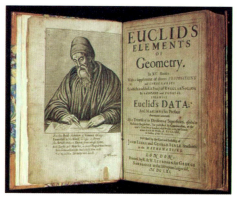

图1-11　欧几里得《几何原本》

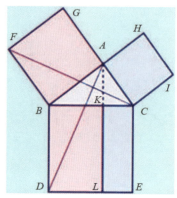

图1-12　《几何原本》中的
勾股定理

阿基米德作为欧几里得的后辈，在数学上特别是在几何学方面为人类贡献了极为光辉灿烂的成就。他的《论球和圆柱》《论锥形体和球形体》《论螺线》《圆的度量》《抛物线求积法》等一系列著作中关于几何问题的研究与发现，在数学史上闪耀着令人肃然起敬的智慧光芒。（见图1-13、图1-14）

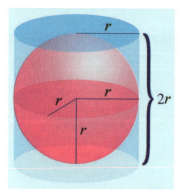

图1-13　圆柱内切球

图1-14　阿基米德的最后"遗言"
怒斥罗马士兵——别动我的圆！

虽然古希腊几何学成就斐然，但对几何学有激动人心的发现创造的毕达哥拉斯学派，却最早更加突出了"数"的概念，并坚定地认为"万物皆数"，即"宇宙万物即数与数之关系的和谐系统"，数是世界的原初和始基，数也是构成千差万别事物的根本原因。这就使"数"成为宇宙的一个概念模型，认识世界归根到底就是认识数。显见，毕达哥拉斯学派的"万物皆数"不仅是一种宇宙观，也是一种数学观。

之后的柏拉图不仅发展了毕达哥拉斯学派的观点，并给出了更哲学的表述：数（和其他数学概念）是某种独特的、绝对的客观存在（被称为理念），这些客观存在就是数学的认识对象。也就是说，数学观念是天赋的、先验的，不依赖于时空和人的思维而永恒存在的。亚里士多德又将数学定义为"数学是'量'的科学"，尽管这里的"量"的含义是模糊的，甚至已经隐含着对"数"与"形"的概括。

总的来说，古希腊数学先哲虽然在实践上钟情于对几何问题的研究，但在对数学的本质认识上却把"数"作为数学的对象，并且这种思想一直绵延至 16 世纪也没有发生本质变化。

◇ 恩格斯的论断：纯数学的对象是现实世界的空间形式和数量关系

穿越中世纪的漫漫黑暗，经历文艺复兴的伟大洗礼，古希腊理性精神的思想光辉再一次高扬，世界迎来了近代文明的曙光。文艺复兴运动给欧洲以至全人类带来了具有深刻意义的文化思想革命。思想、生产、科学，如三江交汇，融合成一股喷涌而出的文化之泉，成为时代的主旋律。近代数学的航船也在这个主旋律中扬帆起锚。

到了 17 世纪，直至 18 世纪，数学史迎来了开创新数学的英雄时代。第一个具有标志性的新数学就是由笛卡儿和费马作为共同创始人然而又是各自独立创立的"解析几何学"，这也是 17 世纪最重要的数学成就之一，是近现代数学的肇始，在数学史上具有划时代意义。（见图1–15、图1–16）对此，恩格斯（1984）[164] 曾有高度评价，认为"数学中的转折点是笛卡儿的变量。有了它，运动进入了数学，因而，辩证法进入了数学，因而微分和积分的运算也就立刻成为必要的了"。

　　的确如此，解析几何学的产生，直接导致了数学史上最光辉而震撼人心的成就——由牛顿和莱布尼茨作为共同创始人的"微积分"的诞生。对此，恩格斯（1984）[158] 又有高度赞誉："在一切理论成就中，未必再有什么象 ① 十七世纪下半叶微积分的发明那样被看作人类精神的卓越的胜利了。如果在某个地方我们有人类精神的纯粹的和专有的功绩，那就正是在这里。"（见图1–17至图1–19）

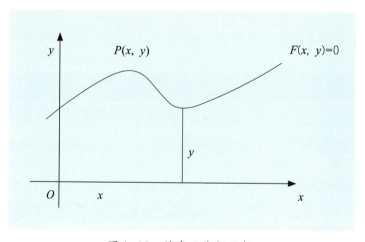

图1–15　笛卡儿坐标几何

———————————

① 注：应为"像"。原文如此，特此说明。

$r=a(1-\sin\theta)$

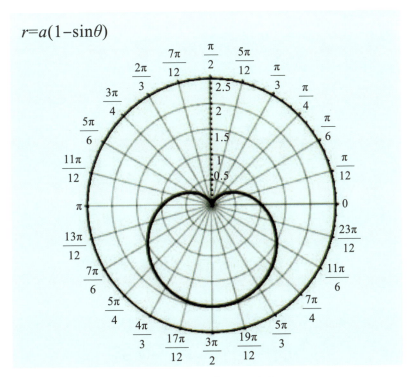

图 1-16　笛卡儿心形线

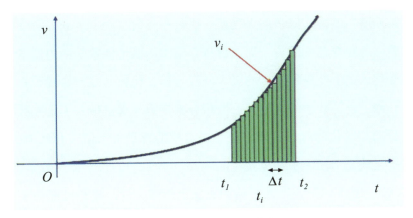

图 1-17　变速运动瞬时速度问题

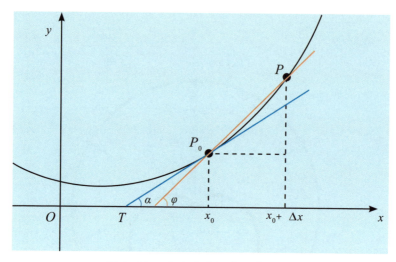

图 1-18　平面曲线切线斜率问题

$$\int_a^b f(x)\mathrm{d}x = F(b) - F(a) = F(x)\big|_a^b$$

图 1-19　牛顿 - 莱布尼茨公式

　　如果说在解析几何学创立之前，代数与几何这两个古老的数学分支各自独立地存在与发展着，那么解析几何学的诞生使数学的内涵发生了根本变化，其中变量和坐标的引入使数与形、代数与几何实现了有机统一，开创了统一数学的里程碑；微积分则将数学真正带入了研究数、形以及运动与变化的时代。似乎正是在这样的背景下，笛卡儿认为，"凡是以研究顺序（order）和度量（measure）为目的的科学都与数学有关"（李文林，2011）[6]。在不太严格的意义上理解，这一观点已经初步体现了"数"与"形"是数学的对象。而恩格斯（1972）论述的数学的本质是"纯数学的对象是现实世界的空间形式和数量关系"。如今距恩格斯关于数学对象的论断已有一百多年，这一百多年来，突飞猛进发展的数学已经进入"现代数学"时期。但就数学所认识的对象而言，可以说恩格斯更为根本和科学地回答并解决了这一数学哲学问题。或许正因为如此，基于恩格斯"纯数学的对象是现实世界的空间形式和数量关系"这一论断而演化的"数学是关于现实世界数量关系和空间形式的科学"作为经典的数学定义被广泛认同。

　　恩格斯关于数学本质的精辟论断余音未尽，步入 19 世纪，数学又开始发生了本质变化。19 世纪是数学史上数学观念、数学思想方法空前解放的世纪，也是一个高扬严格性和创造精神的时代。欧拉、达朗贝尔、拉格朗日等 18 世纪的领袖数学家对数学发展做出了熠熠生辉的贡献，同时却对数学的未来一度产生悲观情绪。幸运的是，在这片阴云刚刚笼罩天空之时，高斯、柯西、阿贝尔、伽罗瓦、魏尔斯特拉斯、黎曼等一大批天才数学家的思想创造喷薄而出，使数学再一次闪耀出激动人心的夺目光辉。复变函数论的创立和分析学的严格化，非欧几何的问世和射影几何的完善，群论和非交换代数等典型的数学成就的诞生，再一次照亮了数学发展之路。这一时期，数学在更为广泛的背景下成为研究数与形、运动与变化以及数学自身的科学。（见图 1-20、图 1-21）

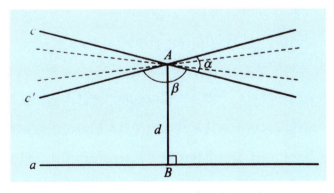

图 1-20　罗巴切夫斯基的非欧几何

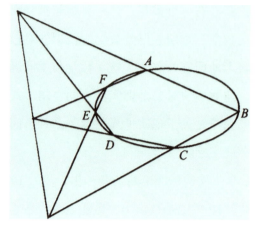

图 1-21　射影几何中的帕斯卡定理

◇ 历史展望：数学是通过更高层次的抽象对客观世界进行更精准的"建模"

20 世纪中期，现代数学发展的特征被概括为"各种变化着的量的关系和相互联系的科学"（亚历山大洛夫 等，2001）[61]。这一定义中的"量"不仅包括现实世界的各种空间形式和数量关系，也包括一切可能的空间形式和数量关系（如高维空间、无穷维空间、群、域、算子等）。而从 20 世纪 80 年代开始，一批美国数学家极力谋求对数学定义做出符合时代的新尝试，他们倡导把数学视为"模式的科学"（science of pattern），其目的是揭示人们从自然界和数学本身的抽象世界中所观察到的结构和对称性。这里的"模式"不仅具有广泛的内涵，而且具有高度的概括性。模式既包括最直接反映客观世界本质特征的数的模式、形的模式、运动与变化的模式，也包括数学逻辑推理的模式，以及存在于数量、空间、时间、结构乃至想象之中的更高层次的模式。这样，模式可以导致别的模式，也会出现关于模式的模式。于是，数学按照数学家自己的逻辑，以源于科学的模式为出发点，不断创造出由先前的模式而推演出来的新模式。

展开又卷起数学史的辉煌画卷，我们似乎发现：就现阶段数学发展而言，"数学是模式的科学"这一定义最具高度的概括性，并已日益引起更多数学家的关注和认同。对此，美国数学家斯蒂恩就带着如释重负的兴奋感感叹："如果模式是数学的全部，那么数学的这种异乎寻常的作用可能完全是寻常的了。"（詹国樑，2004）当然，认为数学是关于模式的科学的观点早在英国著名数学家哈代（2007）[62] 那里就已有独具风致的表达：

一位数学家就像一位画家或诗人，是模式（pattern）的创造者。如果他的模式比画家或诗人的模式的生命更加长久的话，那是因为他的模式是用思想（idea）所造就的。

概而言之，关于数学概念界定的不断演化，其实质是源于数学研究对象所涉及范畴的不断扩充与层次的不断升级。数学仍在不断发展，数学研究对象也将不断深化，并走向更高层次的抽象，由此数学的内涵将更为丰富壮观。

至此，如果对数学概念的历史发展做一回望——

最被广泛认同的经典数学定义还是：

数学是关于现实世界数量关系和空间形式的科学。

而更被逐渐认同的现代数学定义是：

数学是关于"模式"的科学。

最后，有必要做一特别续说：如果我们有理由相信世界依然年轻，那么作为刻画客观世界神秘特征与神奇规律的数学，作为一个历史性动态发展着的概念，我们也同样有理由相信，数学的确不会有一个一劳永逸的定义！对此，我们似乎也不必无奈地感伤，更不必由此滑向如罗素所极端认为的："数学可以定义为这样一门学科，我们永远不知道其中所说的是什么，也不知道所说的内容是否正确。"（李文林，2011）[7-8] 数学，始终是历史的概念、历史的理解——虽然这样的追寻有些令人失望，但这就是历史！

更何况，既然数学发展是一个错综复杂的文化演进过程，那万千年生生不息流淌着的数学历史长河也必将为我们提供一个更为宏阔的视角，让我们更为清晰而真实地照鉴数学的真谛——这就是数学的文化意义。如此说来，我们也许说不清"究竟什么是数学"，我们甚至也道不尽"数学究竟是什么"，但这不正彰显了数学本身独具魅力的生命力吗？

◇ 余论："计算"与"证明"——数学活动的 DNA

试问：数学何以被誉为科学的皇后？或者说，数学何以具有其他科学总需依仗而无以替代的文化特质和方法论功能？其实答案是显然的——数学独具"计算"与"证明"这两种精锐的武器！如果说"数"与"形"是人类伟大的文化创造，也是数学最原初最基本的概念，那么"计算"与"证明"则是人类智力发展历史上最伟大的胜利之一，也是数学活动的 DNA。

在数学中，"计算"通常有"精算"和"估算"。"精算"是按照计算的原理和法则所进行的精确的计算；"估算"是借助计算的原理和法则以及推理判断所进行的尽量精确的计算。"证明"则通常指"推理"，"推理"有"演绎推理"和"归纳推理"。"演绎推理"是由一般到特殊的推理，是从一般性前提出发，通过推导得出与一般性前提具有必然联系（即具有充分条件或充分必要条件联系）的个别结论的过程；"归纳推理"是一种由个别到一般的推理，是由一定程度的关于个别事物的观点过渡到范围较大的观点，由特殊具体的事例推导出一般原理、原则的解释方法。

数学中的"计算"与"证明"不是彼此孤立而是相互联系的。计算原理和法则通常都是推理的产物，计算过程本身即推理的过程；而推理过程中的前提和结论也通常都是"量化"的产物。数学的高超高妙和有用有力之处，或许就在于："算"中有"证"，"证"中有"算"，"算"与"证"内在交相呼应统一。

料想：数学这架雄健奔放的"文化战车"之所以能在自然科学、社会科学以至人类生活等领域从容地尽情驰骋，归根到底还是因为"计算"与"证明"这两个功能巨大、愈用愈强的"双独轮"为其保驾护航。

试想：作为人类理性精神光辉诗篇的《几何原本》，之所以让"世界第一次目睹了一个逻辑体系的奇迹"，不正是因为它通篇都是由"计算"与"证明"交织架构和谱写的吗？

这让我们油然想到数学教育。深度追问，细细品来，不难想象：学生面对任何一个问题情境，要解决任何一个数学问题，所经历的任何一次数学思维活动，怎能离开"计算"与"证明"？从这个意义上说，数学教育要培养学生具有的最根本的学科素养应是"计算"与"证明"！而这也是数学教育理论与实践的逻辑起点和宗旨追求。然而，审视时下的中小学数学课堂教学，似乎总是过分强调、追逐并非属于数学本质的能力素养，而总有忽视、遗忘乃至放弃对学生"计算"与"证明"素养的培育之嫌，这岂不是丢失了数学的学科本质？这又何谈为学生提供了高品质的数学教育呢？而这样的数学教育是不是已然走得太远，以至于忘记了为什么而出发？

★ 核心观点

◆ 数学是一个历史概念，数学内涵随时代变化而变化，数学没有一劳永逸的定义！

◆ 被广泛认同的经典数学定义为：数学是关于现实世界数量关系和空间形式的科学。

◆ 被逐渐认同的现代数学定义为：数学是关于"模式"的科学。

◆ 数学是人类竭力通过更高层次的抽象对客观世界的规律进行更精准的"建模"。

◆ "计算"与"证明"是数学活动的 DNA。

◆ "算"中有"证"，"证"中有"算"，"算"与"证"内在交相呼应统一。

什么是数学文化

——数学本原的追究

就像一朵精美的"报春花",数学,被普遍认为几乎是与人类文明共生的最古老而精致的文化之一。同时,毋庸赘言,文化是人类精神最本根的家园。海德格尔(2000)说:"返乡就是返回到本源近旁。"意即追本溯源方能回归事物原点,而回归原点就能拥有逻辑支点,这也是认识事物本质的哲学方法论。从这个意义上说,立足文化的立场审视数学,或者说追问数学的文化意义,即回到数学的原点和文化的家园认识数学。

◇ 文化的意味

究竟什么是"文化"?这是一个令人困惑迷茫和让人纠结惆怅的概念。文化——如何说得清?何以论得明?怎能道得破?但这或许恰恰说明:"文化"意味深长!

文化的观念源远流长,但从学术角度对文化概念的界定却似乎直至19世纪才姗姗而来。被称为"文化人类学之父"的英国人类学家泰勒(E.B. Tylor)曾于1871年率先对文化做出一个经典性定义:"文化或文明,就其广泛的民族学意义来说,乃是包括知识、信仰、艺术、道德、法律、习俗和任何人作为一名社会成员而获得的能力和习惯在内的复杂整体。"(泰勒,1987)事实上,这个定义是将文化解释为人类社会发展过程中所创造出来的各种各样成果的总称。"复杂"是言其包含的种类多;"整体"是言其种类之间的内在关联,从而构成一个庞大的统一体。可以说,泰勒的言说开文化概念界定之先河,但这种界定或有"大杂烩"之嫌,不免将文化概念带入一种困境。不容忽视的是,泰勒的文化定义几乎成为他之后任何关于文化研究或者论及文化问题的文献中首要的基本依循,并直接影响了之后文化研究的逻辑取向。一个突出的体现是,诸多关于文化的定义几乎都特别强调一个基本共识:文化是人类实践种种"创造成果"组成的一个"整体系统"。即:文化是一个名词,文化是人类"化之为文"的"实践成果"。

文化,其英文是"culture",而源于拉丁语"cultura",其本意为耕耘、培育等,后衍生为"耕耘智慧""精神耕耘""智力培育"等含义。显然,这里文化的词性应是动词,应是一个"文以化之"的"过程"。荷兰文化哲学家冯·皮尔森(1992)对文化的概念做出这样的界定:"文化不是名词,而是动词。"文化是按一定意图对自然或自然物进行转化的人类全部活动的总和。文化就是人类动态的全部活动过程。这个定义特别鲜明地强调了文化不是一种静态的实体,而是一个动态的过程。这个定义无疑为全面揭示文化的内涵本质打开了一个新的视角。

文化是人类实践活动过程中的创造。"文化是人作为主体作用于客体,将自己对象化于客体,从而将现实作为我的东西来占有的这种活动,同时也是活动的成果;而且,是包含着这种活动和成果的过程。"(岩崎允胤,1990)概而言之,为了不断超越自然和超越自己,为了谋求更高层次的文明,人类总是在处理人和世界关系的过程中竭力展开"文以化之"的追求;而在展开"文以化之"的追求过程中,又获得和达成了"化之为文"的成果。文化不仅仅是一种静态的成果,更重要且不容忽视和遗忘的是,文化首先是一个动态的过程。事实上,作为静态成果的文化正是作为动态过程的文化的产物,没有动态过程的文化发生,就不会有静态成果文化的生成，因此，静态成果的文化当然不能代替完整的文化内涵。文化应是人类实践活动中"文以化之"的动态过程与"化之为文"的静态成果的辩证统一。文化既是一个名词，也是一个动词。

◇ 数学的文化意义

美国数学家怀尔德（Wilder）在其《数学概念的进化》和《作为文化体系的数学》中，最早系统提出了"数学——作为一种文化体系"的数学哲学观，并基于文化生成与发展的理论提出了数学文化的概念："数学应当被看成整个人类文化的一个相对独立的子系统，应将数学放在整个文化环境之中去考察，并从抽象、符号化、一般化、多样化等维度阐释数学文化发展的普遍规律。"（Wilder，1968）怀尔德认为，数学是一个由其内在力量与外在力量共同作用而处于不断发展和变化之中的文化系统。

追溯万千年生生不息流淌着的数学历史长河，比照人类文明的漫漫历程，便不难发现：无论是远古刻痕计数和量地测天所萌发的诗性智慧，还是古希腊抽象严密公理化体系所散发的理性光辉，抑或站在解析几何肩头穷究宇宙奥秘的微积分所带来的人类精神的最高胜利，直至现今高速电子计算机乃至人工智能所爆发的无边威力，都雄辩地昭示——数学是人类在探索客观世界特征和规律过程中的独特发现与发明，也是人类伟大而神圣的文化创造。

数学绝不仅仅是单一的纯粹的数学知识体系。从广义的文化上说，数学的产生与发展关涉数学的内在因素和外在因素，数学是一个复杂的人类文化子系统；从狭义的数学本身来说，数学既是一个知识体系，也是一个观念体系，数学是数学知识和数学观念的统一体。

如果说恩格斯关于"纯数学的对象是现实世界的空间形式和数量

关系"的光辉论断深刻揭示了数学这门科学所研究的两类对象主体是"数"（数量关系）与"形"（空间形式），那么这两类对象主体就是人类通过高度抽象所建构的反映客观世界规律的"思想模式"。尤其是在人类创造这两类精致的"思想模式"的过程与结果中，不仅积累了揭示和解释客观世界特征与规律的数学概念、公理、原理、定理、公式、方法以及猜想与问题等庞大的数学知识形态，也蕴含着人类的宇宙观念、主体意识、崇高信念、高尚情感、价值追求、诗性智慧、理性思维、数学思想等深刻的数学精神形态。这足以说明，数学既是一个知识体系，也是一个观念体系，是数学知识和数学观念的统一体。或曰：数学就是一种文化。

◇ 数学文化概念界定

文化性是数学的根本属性。而在"数学是一种文化"这一思想的土壤上，悄然间勃发又旋即演化出一个郁郁葱葱的新概念——"数学文化"。无疑，追究数学文化的概念内涵即追问数学的文化意义。然而，虽然数学文化已成为备受关注、引发热议和得到频繁使用的一个热词，但论及究竟什么是数学文化，则在许多人那里常有"不说还明白，一说就糊涂"的无奈与窘迫；而那些各执一端、见仁见智的纷纭众说，又不免让人云里雾里，更平添些许令人沮丧的无奈。正因为如此，厘清"究竟什么是数学文化"的问题就显得尤为必要而迫切。

怀尔德关于"数学就是一种文化"的观点被广泛认同。从此，国内外对数学文化的研究方兴未艾，数学文化的定义也日益繁盛，蔚为大观。诸如：

数学不只是关于数的世界、形的世界或更广阔的世界的科学，数学还是一门充满人文精神的科学，在这种观点下说数学文化就是有意

的。(张楚廷,2000)

数学文化是一种数学共同体所特有的行为、观念和态度等,既指特定数学传统,也指数学家行为方式。(郑毓信 等,2001)

数学文化指数学思想、精神、方法、观点,以及它们的形成和发展;广义的定义还包含数学史、数学美、数学教育、数学与人文的交叉、数学与各种文化的关系等。(顾沛,2011)

数学文化是以数学科学体系为核心,以数学的思想、精神、知识、方法、技术、理论等所辐射的相关文化领域为有机组成部分的一个具有强大精神与物质功能的动态系统。(黄秦安,2001)

数学文化是指数学的思想、精神、语言、方法、观点,以及它们的形成和发展;还包括数学在人类生活、科学技术、社会发展中的贡献和意义,以及与数学相关的人文活动。(中华人民共和国教育部,2018)

可以说,众多"数学文化"的概念虽建基于不同立场和视角,其表述与界定也是异彩纷呈,但并不过分地说,关于数学文化的定义还存在着要素模糊、表述杂乱、内涵不清、外延不定等突出问题。

诚如前文所述,文化是人类实践活动中"文以化之"的动态过程与"化之为文"的静态成果的辩证统一。数学是人类在探索客观世界特征和规律过程中的独特发现与发明。为此,数学文化可界定为人类发现、创造数学过程中所积累的数学知识体系和所蕴含的数学思想精神的统一体。

"数学文化包括数学概念、原理、定理、公式、方法、问题等显性的数学知识形态;也包括数学知识内容所反映的客观的宇宙规律、精美的数学结构和广泛的应用价值,以及数学家在发现和创造数学的过程中所蕴含的价值追求、审美直觉、思维方式、科学精神等隐性的数学精神形态;还包括显性的数学知识形态与隐性的数学精神形态的内在统一。"

（李铁安，2018c）[10]

　　而从更深的层次来说：显性的数学知识形态是数学文化的隐性形态；隐性的数学精神形态是数学文化的显性形态。（见图 2-1）

图 2-1　数学文化的概念图式

　　特别要指出的是：数学思想是数学文化的核心。数学思想是数学家在数学活动中解决问题的基本观点和根本想法。它包括数学家对数学概念、命题、规律、方法和技巧的本质性认识，更蕴含着数学家发现、创造数学过程中的宇宙观念、主体意识、崇高信念、高尚情感、价值追求、诗性智慧、理性思维等。无疑，数学思想是活生生的数学灵魂；而基于数学文化的概念审视，数学思想当是数学文化的核心。

　　关于数学文化的概念内涵，我们可以以数学史上大家耳熟能详的高斯速算为例。被誉为"数学王子"的德国天才数学家高斯在少年时做老师给出的一道算术题：1+2+3+4+⋯+97+98+99+100=？高斯迅速算出了结果5050。为什么高斯能够快速地计算出这个正确结果呢？在数学史上通常这样解释：高斯在看到这个问题时，果断而坚定地认为，这个问题不应该是一个数一个数地加下去，那就太烦琐了。一定会有更加简便的计算方法！基于这样的考虑，高斯认真分析算式中各个数的基本特征，他发现如果分别从首尾顺次取数并将对应的两个数相加，其和都等于101，即$1+100=2+99=3+98=4+97=5+96=\cdots=50+51=101$。这样，共有50组101，所以，和就应该是$101 \times 50=5050$。

这是数学史中脍炙人口的故事。这个故事本身就是数学文化的题材。而如果剖析高斯解决这个问题的整个过程：从数学算理上分析，体现了高斯精妙的运算技巧，即创造性地利用加法交换律和结合律，实现加法向乘法转化；从思维品质上分析，体现了高斯精美的数学思维，即思维的变通性（追求算法简单）、思维的直觉性（数字内在和谐）、思维的概括性（寻找普遍规律）；进而，从数学的观念和意识上分析，这里蕴含着高斯对序的概念以及对对称与守恒特征的一种审美直觉和深刻理解，也反映了高斯面对看似复杂烦琐的数学问题所表现出的坚定信念和创造欲望。显然，从数学文化的视角审视，高斯速算故事背后所蕴含的正是具有鲜明文化特质的数学。

◇ 数学文化的经典题材

5000余年数学发展的历史长河富含鲜活的文化基因，具有鲜明文化特质的数学题材俯拾即是，诸如：

数学之源——宇宙中的自然现象所蕴含的数学知识和规律，人类生活中隐含的数学知识和原理，数学概念、原理、定理、公式的起源等；

数学之品——数学家在问题解决过程中的宇宙观念、主体意识、崇高信念、高尚情感、价值追求、诗性智慧、理性思维、数学思想，以及数学家的成长历程、名言故事、学习态度、个性品质、人文精神等；

数学之用——数学在现实世界和人类生活中的功用，数学与其他学科的关联以及在其他学科中的应用，数学对于推动人类文明进步所发挥的作用等；

数学之奇——精巧的数学问题、神奇的数学规律、深邃的数学哲理、玄魅的数学悖论等；

数学之美——图形美、数字美、问题美、思维美、概念原理美、定理公式美等；

数学之谜——数学史中的未解谜题、数学谜语、趣味数学游戏等。

(1) 1+1 = 2——彰显宇宙之大道

这是一个最基本的数学公式！

这是一个有着妙不可言的神秘感的公式！

远古人类发现了自然界中事物具有"量"的属性，尤其是发现"1"是最基本的"单位量"。这一发现给人类带来的惊异、兴奋和成就感甚至不亚于火的发明。可以想见，这个发现必将鼓舞人类产生强烈的好奇心和大胆的想象力。而当人类再发现"2"原来是由一个"单位量"再添加一个"单位量"所形成时，自然会以此类推，"2"再添加一个"单位量"后是多少呢？……？所以，发现了"1+1=2"，几乎相当于掌握了用"数"这一神奇的工具来解释自然界的奥秘。这足以说明，"1+1=2"的发现与发明，蕴含了人类最原始的宇宙观念。

如果从数学理论建构的角度审视，这个极其简单而富有美感的公式实质反映了自然数的序的概念和自然数的生成规律。按照皮亚诺公理系统的陈述：

① 0 是第一个自然数。

② 任意自然数都有唯一的后继数，它的后继数也是自然数。（一个数的后继数就是紧接在这个数后面的数，例如，0 的后继数是 0+1=1，1 的后继数是 1+1=2，等等。）

③ 0 不是任何自然数的后继数。

④ 如果 b、c 的后继数都是自然数 a，那么 b=c。

⑤ 任意关于自然数的命题，如果证明了它对自然数 0 是对的，又假定它对自然数 n 为真时，可以证明它对 n'（n'=n+1，即 n 的后继数）也真，那么，命题对所有自然数都真。（这条公理也叫归纳公理，保证了数学归纳法的正确性。）

显然，"1+1=2" 反映了两个意思：2 是 1 的后继数；2 是通过 1+1 得到的。正因为如此，才有 2+1=3，3+1=4，4+1=5，……。所以，如果没有 "1+1=2"，就根本不会有自然数的序列的公理系统。推而广之，也就不会有数学。看来，这个简单的也是人们司空见惯的数学公式却有着崇高而非凡的地位和神奇的内生力量。

英国著名科学杂志《物理世界》（*Physics World*）曾邀请世界各地读者选出自己心目中最伟大、最喜爱的公式、定理或定律，结果让很多人意外的是，"1+1=2" 不仅入选，还高居第七位。之所以如此，一方面，可以从 "越是简单的往往越是美的" 这一美学原则去理解。另一方面，正像一位读者所感叹的：这真是一个伟大的数学公式！它所蕴含的力量并不像其表面看上去的那么简单，它反映了宇宙的基本特征，并传达了人类生活的标志性信息。

这样看来，一个小小的、简单得不能再简单的又是最常见和常用的数学公式，还真是蕴含了意味深长的数学文化呢！

(2) $f(x)=kx^2(k \neq 0)$——揭示客观规律之模型

客观世界是普遍联系、变化发展和内在统一的。作为数学中最基本的概念之一，函数的实质就是反映变量之间内在的依存关系，因此，函数是揭示和解释客观世界规律的最基本也是最有力的工具。

二次函数 $f(x) = kx^2 (k \neq 0)$ 是一个具有非常广泛意义的数学模型。例如：

正方形面积公式： $S = a^2$ ；

直角三角形面积公式： $S = \dfrac{1}{2}(\tan A)b^2$ ；

圆面积公式： $S = \pi R^2$ ；

自由落体运动公式： $S = \dfrac{1}{2}gt^2$ ；

向心加速度公式： $a_n = \dfrac{v^2}{R} = R\omega^2$ ；

焦耳定律： $Q = I^2 Rt$ ；

动能定理： $E = \dfrac{1}{2}mv^2$ ；

爱因斯坦质能方程： $E = mc^2$ 。

显而易见，以上这些数学公式和物理定律都可以视为特定条件下的二次函数。这也可以理解为：二次函数是以上这些公式和定律的数学表达式的一般形式。（见图 2-2 ）

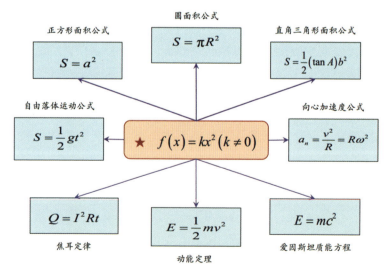

图 2-2 二次函数模型表达式

(3) $e^{i\pi}+1=0$——数学公式的审美力量

$e^{i\pi}+1=0$ 是由瑞士数学家欧拉所发现的数学史上著名的"欧拉公式"。它被誉为"上帝创造的公式"、世界上最伟大的公式，也常被人们称为真正的宇宙第一公式。著名物理学家费曼惊呼：它不但是"数学最奇妙的公式"，也是现代物理学的定量之根。而数学王子高斯更是深情地说："一个人第一次看到这个公式而不感到它的魅力，他不可能成为数学家！"

这个公式不但神奇，而且是异乎寻常的神奇：两个超越数——自然对数的底 e，圆周率 π；两个单位数——自然数的单位 1，虚数单位 i；以及数学里最重要的数 0。这五个常数如此和谐地统一在一个等式里！这怎么可能呢？不仅如此，众所周知，这个公式是 $e^{i\theta}=\cos\theta+\mathrm{i}\sin\theta$，当 $\theta=\pi$ 时的结果表达。对于 $e^{i\theta}=\cos\theta+\mathrm{i}\sin\theta$ 来说，这本身又是将初等函数 $\sin x$ 和 $\cos x$ 与超越函数 e^{ix} 统一了起来。实质上，这个公式通过加法运算、乘法运算、三角函数运算、超越函数运算揭示了自然数与无理数、实数与虚数和超越数之间的内在统一。这实在是反映数学统一性最为经典的例证。毫不过分地说，这个穿越人类心灵的公式似乎蕴含着一种无尽的宇宙真理之美，也可以说是彰显人类卓越智慧的一座熠熠丰碑！

(4) $3n+1$ 猜想——神秘世界的一缕微光

数学猜想是数学史中最具魅力的一个话题。每一个数学猜想都蕴含着宇宙大自然的某种奇特优美的奥秘，也都代表了人类认识数学过程中的审美直觉、大胆猜测和无尽追问。而对每一个数学猜想的探究与破解更是对人类智慧与精神的挑战与历练。像哥德巴赫猜想、费马猜想、庞加莱猜想、黎曼猜想等，这些猜想的难度是无法估量的，破解猜想的过程甚至影响整个数学的进展。而"3n+1猜想"（又称"角谷猜想""冰雹猜想"等）和上面这些数学猜想完全不一样，它代表的是哪一类数学，我们完全不知道。

3n+1猜想的具体表述非常简单：对任何正整数 n 做如下变换，如果 n 是偶数，则让它变成 $\frac{n}{2}$（也就是减半）；如果 n 是奇数，则让它变成 3n+1。任何一个正整数 n，一直按照这个法则变换下去，最终会变成1。

例如正整数12，按照上面的变换法则，可依次得到变换序列6，3，10，5，16，8，4，2，1。即：12÷2=6；6÷2=3；3×3+1=10；10÷2=5；5×3+1=16；16÷2=8；8÷2=4；4÷2=2；2÷2=1。

再如正整数19，按照上面的变换法则，依次得到变换序列58，29，88，44，22，11，34，17，52，26，13，40，20，10，5，16，8，4，2，1。

如果是正整数27，按照上面的变换法则，依次得到变换序列82，41，124，62，31，94，47，142，71，214，107，322，161，484，242，121，364，182，91，274，137，412，206，103，310，155，466，233，700，350，175，526，263，790，395，1186，593，1780，890，445，1336，668，334，167，502，251，754，377，1132，566，283，850，425，1276，638，319，958，479，1438，719，2158，1079，3238，1619，4858，2429，7288，3644，1822，911，2734，1367，4102，2051，6154，3077，9232，4616，2308，1154，577，1732，866，433，1300，650，325，976，488，244，122，61，184，92，46，23，70，35，106，53，160，80，40，20，10，5，16，8，4，2，1。

$3n+1$猜想到底有多难？许多数学家认为这个猜想不太可能被当前的技术证明。匈牙利著名数学家爱尔特希曾说过："数学还没有成熟到足以解决这样的问题！"如果把上面提到的那些猜想比作数学未知海洋世界的冰山一角的话，那么$3n+1$猜想更像是从遥远而又神秘的未知世界透射过来的一缕微光。那是一个全新的数学世界，远远超越了当代所有职业数学家的数学想象力。$3n+1$猜想当之无愧地成为对人类智力的终极挑战之一！

（5）罗素悖论——诗意的逻辑

悖论是指表面上同一命题或推理中隐含着两个对立的结论。如果用一个抽象的公式表达就是：如果事件 A 发生，则推导出非 A；如果非 A 发生，则推导出 A。

罗素悖论是数学中的一个著名悖论，说在某个城市中有一位理发师，他的广告词是这样写的："本人理发技艺十分高超，誉满全城。我将为本城所有不给自己刮脸的人刮脸，我也只给这些人刮脸。我对各位表示热诚欢迎！"来找他刮脸的人络绎不绝，自然都是不给自己刮脸的人。可是，有一天，这位理发师从镜子里看见自己的胡子长了，他本能地抓起了剃刀，要给自己刮脸。这样一来就出现了一个问题：理发师能不能给他自己刮脸呢？

如何分析这个问题？按照逻辑推理，假设理发师不给自己刮脸，那么他自然就属于"不给自己刮脸的人"，于是他就能给自己刮脸；但是假设理发师给自己刮脸，那么他就又属于"给自己刮脸的人"，于是他就不能给自己刮脸。这就是说，无论理发师是否给自己刮脸，按照严格的逻辑推理，最终推出的是既能给自己刮脸，又不能给自己刮脸。

罗素悖论是关于数学的集合论悖论，其基本思想是：设 *A* 是所有不是自身元素的集合构成的集合，即 $A=\{x:x\notin x\}$，那么 $A\in A$ 是否成立呢？

若 $A\in A$，那么 A 是 A 的元素，A 应满足 $x\notin x$，于是 A 就不是 A 的元素，即 $A\notin A$；

若 $A\notin A$，那么 A 就不是 A 的元素，A 应满足 $x\notin x$，于是 A 是 A 的元素，即 $A\in A$。

罗素悖论在数学史上具有划时代影响。19 世纪下半叶，德国数学家康托尔创立了著名的集合论。数学家们发现，从自然数与康托尔集合论出发，可建立起整个数学大厦。因而，集合论成为现代数学的基石。"一切数学成果可建立在集合论基础上"这一发现，使数学家们陶醉。但在 1903 年，罗素提出的这条悖论震惊整个数学界，罗素悖论说明了集合论是有漏洞的，这便使集合论乃至整个数学产生了危机（这就是数学史上著名的第三次危机）。德国著名数理逻辑学家弗雷格在他的关于集合的基础理论完稿即将付印时，收到了罗素关于这一悖论的信。他立刻发现，自己忙了很久得出的一系列结果被这条悖论搅得一团糟。他只能在自己著作的末尾写道："一个科学家所碰到的最倒霉的事，莫过于在他的工作即将完成时却发现所干的工作的基础崩溃了！"

罗素悖论对数学而言有着更为深刻的影响。虽然罗素悖论使数学的基础动摇了，但它使数学基础问题第一次以最迫切需要的姿态出现在数学家面前，引发了数学家对数学基础的研究。而这方面的进一步发展又极其深刻地影响了整个数学。从这个意义上说，罗素悖论并非"逻辑的失意"，而是"诗意的逻辑"！

（6）圆——假如这个世界没有你

一架古老得不能再古老的"圆"轮木车，满载数不尽的关于"球"

与"圆"的奥秘与传说，从宇宙最深处一路走来。最为人类直观感知的"球"与"圆"莫过于每天以其夺目光芒照耀世界万物的圆圆的太阳和每月君临夜空一次的遍洒清辉的圆圆的月亮。唐代诗人李白醉酒叩问："青天有月来几时？我今停杯一问之。"这一问也让宋代大文豪苏东坡面对中秋圆月感同身受："明月几时有？把酒问青天。"是的！"球""圆"几时有？谁能说得清！

球与圆，可谓与生俱来地成为自然界万物的宠儿而遍及大千世界的角角落落——问地球、月亮和太阳为什么都是圆圆的球体？为什么宇宙所有的星体（目前被人类所发现的）都是不太规则的圆圆的球体？为什么构成物质原子的电子总是绕原子核做匀速圆周运动？为什么雨后的彩虹都是美轮美奂的七彩圆弧？为什么向平静的水面抛进一粒石子，水面便泛起圆圆的无尽涟漪？

球与圆，也以其与生俱来的独特的美学结构和颜值担当而成为人类生产生活中最具亲和力的"朋友"——滚滚车轮、锅碗瓢盆、瓶瓶罐罐、建筑造型、装饰美工、足球、篮球、排球、乒乓球、网球……。人类的衣食住行用，随处可见球与圆的身影。

宇宙之大美，怎能离得开这风情万种美不胜收的球与圆？

或许，古希腊毕达哥拉斯学派认为"万物皆数"还不能尽情表达对数学的钟情，于是又执着地宣称：一切立体图形中最美的是球，一切平面图形中最美的是圆。

单就圆来说，它是一个如此简单又十分神奇而美妙的几何图形。究竟什么是圆呢？早在古希腊欧几里得《几何原本》问世之前100年，中国的智者墨子率先给出定义："圆，一中同长也。"意思是说：圆有一个圆心，圆心到圆周上每一点的长度都相等。圆也可以定义为：在同一平面内到定点距离等于定长的所有点的集合。

圆的神奇集中体现在圆的周长与直径的比值竟然是一个永恒不变的常数！这个常数就是人所共知的圆周率。（见图2-3）

图2-3   数不完道不尽的π

数学家普遍认为，在所有的数字中，圆周率是数学中最重要、最神秘、最有趣也是最吸引人的一个常数。圆周率是由古希腊伟大数学家阿基米德首先通过正多边形的几何算法严谨计算出来的，所以有时圆周率也被称作阿基米德常数。1706年，英国数学家威廉·琼斯最先使用"π"来表示圆周率。1736年，瑞士大数学家欧拉也开始用π表示圆周率。从此，π便成了圆周率的代名词。这个π实在是神奇得令人惊悚！比如，几个世纪以来，埃及考古学家和神秘主义追随者一直痴迷于胡夫金字塔暗藏的圆周率之谜。因为该金字塔的塔基周长和高的比例是$\frac{1760}{280}$，与2π只有小于0.05%的差距。（见图2-4）而在英国，有一个直径150米的复杂的麦田怪圈造型，其中潜藏着圆周率π的编码形式——从圆形的中心开始，从里向外，每组色块的数目正是圆周率小数点后10位数的值。（见图2-5）

在数学中，π的值是一个无限不循环小数，计算π的数值精度在数学史上是一个充满挑战和令人向往的问题。

中国《周髀算经》中记载"周三径一"，这应是通过直觉估计得出的

图 2-4 神秘的埃及金字塔

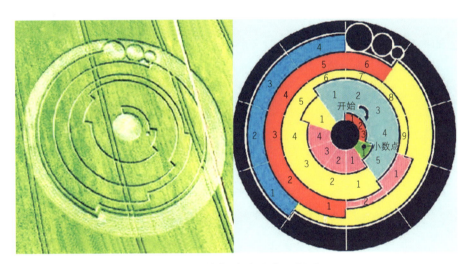

图 2-5 神秘的英国麦田怪圈

π 的最粗略数值，故又被称为"古率"。而在古巴比伦石匾上记载的圆周率数值是 $\frac{25}{8}=3.125$，古埃及莱因德数学纸草书上记载的圆周率数值是 $\left(\frac{16}{9}\right)^2\approx3.1605$，古印度宗教巨著《百道梵书》上记载的圆周率数值是 $\frac{339}{108}\approx3.139$。

　　通过几何方法，中国古代科学家张衡得到 $π\approx\sqrt{10}\approx3.162$；古希腊

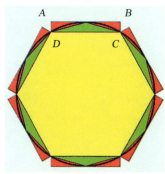

图 2-6　数值逼近原理模型

数学家阿基米德最先创造性地使用区间数值逼近思想，通过计算正 92 边形，得到 $\frac{223}{71}<\pi<\frac{22}{7}$，其数值是：$\pi\approx3.1418$。（见图 2-6）

中国古代数学家刘徽用"割圆术"，由圆内接正六边形依次倍增到正 192 边形，计算出圆周率，得到 $\pi\approx3.141024$，后又继续割圆到正 3072 边形，得到 $\pi\approx\frac{3927}{1250}\approx3.1416$。中国古代数学家祖冲之利用割圆术计算 12288 形的边长，得到 $3.1415926<\pi<3.1415927$；并给出 π 的约率是 $\frac{22}{7}$，密率是 $\frac{355}{113}$。（见图 2-7）

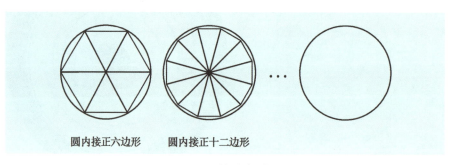

圆内接正六边形　　圆内接正十二边形

图 2-7　割圆术原理

而后直到 15 世纪初，阿拉伯数学家卡西求得圆周率 17 位精确小数值，打破祖冲之保持近千年的纪录；法国数学家韦达利用割圆术并结合三角函数表达式计算得到：

$$\frac{2}{\pi}=\prod_{n=1}^{\infty}\cos\frac{90°}{2^n}=\sqrt{\frac{1}{2}}\sqrt{\frac{1}{2}\left(1+\sqrt{\frac{1}{2}}\right)}\sqrt{\frac{1}{2}\left[1+\sqrt{\frac{1}{2}\left(1+\sqrt{\frac{1}{2}}\right)}\right]}\cdots$$

德国数学家鲁道夫·范·科伊伦于 1596 年将 π 值算到 20 位小数

值，后投入毕生精力，于 1610 年算到小数后 35 位数，该数值被用他的名字命名为鲁道夫数。

微积分的诞生为 π 值的计算插上轻盈翅膀。人们开始摆脱割圆术的繁复计算，利用无穷级数或无穷连乘积等美妙的工具求出更高计算精度的 π 值，并纷纷出现下面这些关于 π 值的优雅别致的表达式，如无穷乘积式、无穷连分数、无穷级数等。

$$\frac{\pi}{2}=\frac{2\times2\times4\times4\times6\times6\times8\times8\times\cdots}{1\times3\times3\times5\times5\times7\times7\times9\times\cdots}$$

$$\frac{\pi}{4}=\sum_{n=0}^{\infty}\frac{(-1)^{n}}{2n+1}=1-\frac{1}{3}+\frac{1}{5}-\frac{1}{7}+\frac{1}{9}-\frac{1}{11}+\cdots$$

$$\pi=16\arctan\frac{1}{5}-4\arctan\frac{1}{239}$$

$$\pi=12\arctan\frac{1}{4}+4\arctan\frac{1}{20}+4\arctan\frac{1}{1985}$$

$$\frac{1}{\pi}=\frac{1}{2}\left(1-\frac{1}{2^{2}}-\frac{1^{2}\times3}{2^{2}\times4^{2}}-\frac{1^{2}\times3^{2}\times5}{2^{2}\times4^{2}\times6^{2}}-\cdots\right)$$

$$\frac{\pi}{4}=1-\frac{1}{2}\times\frac{1}{3}-\frac{1}{2\times4}\times\frac{1}{5}-\frac{3}{2\times4\times6}\times\frac{1}{7}-\cdots$$

$$\frac{\pi}{4}=\arctan\frac{1}{4}+\arctan\frac{1}{5}+\arctan\frac{5}{27}+\arctan\frac{1}{12}+\arctan\frac{1}{13}$$

$$\frac{\pi^{2}}{8}=1+\frac{1}{3^{2}}+\cdots+\frac{1}{(2n-1)^{2}}+\cdots$$

$$\frac{\pi^{4}}{90}=\sum_{n=1}^{\infty}\frac{1}{n^{4}}=1+\frac{1}{2^{4}}+\frac{1}{3^{4}}+\frac{1}{4^{4}}+\cdots$$

特别是 $\frac{\pi^{2}}{6}=\sum_{n=1}^{\infty}\frac{1}{n^{2}}=1+\frac{1}{2^{2}}+\frac{1}{3^{2}}+\cdots+\frac{1}{n^{2}}+\cdots$——这是欧拉于 1735 年解

决了著名的巴塞尔问题时的发现，也被誉为数学史中最美妙的数学公式之一。

如今到了电子计算机时代，π 值计算的精度有了突飞猛进的发展。截至 2019 年 3 月 14 日，谷歌宣布圆周率已计算到小数点后 31.4 万亿位。

把圆周率的数值算得这么精确实际意义并不大。现代科技领域使用的圆周率值，有十几位已经足够了。如果以 39 位精度的圆周率值来计算可观测的宇宙的大小，误差还不到一个原子的体积。以前的人计算圆周率，是要探究圆周率是否为循环小数。自从 1761 年兰伯特证明了圆周率是无理数，1882 年林德曼证明了圆周率是超越数后，圆周率的神秘面纱就渐渐被揭开了。

2009 年，美国众议院正式通过一项无约束力决议，将每年的 3 月 14 日设定为"圆周率日"。决议认为："鉴于数学和自然科学是教育当中有趣而不可或缺的一部分，而学习有关 π 的知识是教孩子几何、吸引他们学习自然科学和数学的迷人方式。""π 约等于 3.14，因此 3 月 14 日是纪念圆周率日最合适的日子。"2011 年，国际数学协会正式宣布，将每年的 3 月 14 日设为国际数学节。

圆的美妙集中体现为它具有许多令人赏心悦目的性质。它既是一个轴对称图形，也是一个中心对称图形，当然它还是一个旋转对称图形。而人类发明的车轮，以至于后来凡是涉及要做旋转运动的，都蕴含了圆周到圆心的等距性这一规律。试想，如果一个人坐在车轮是三角形、正方形或椭圆形、圆弧三角形① 等形状的车上，会是怎样的感觉呢？

---

① 也称"鲁洛克斯三角形""勒洛三角形"，是指分别以正三角形的顶点为圆心，以其边长作半径作圆弧，由这三段圆弧组成的曲边三角形。其特点是：在任何方向上都有相同的宽度，即能在距离等于其圆弧半径（等于正三角形的边长）的两条平行线间自由转动，并且始终保持与两直线都接触。

另外，在平面几何中有一个著名的"等周定理"，又称"等周不等式"，是一个几何中的不等式定理，说明了欧几里得平面上的封闭图形的周长与其面积之间的关系。其中的"等周"指的是周界的长度相等。等周定理说明，在周界长度相等的封闭几何形状之中，以圆形的面积最大；另一个说法是，在面积相等的几何形状之中，以圆形的周界长度最小。这一性质也被广泛应用于人们的生产和生活实践，比如生产中许多工具的造型和生活中许多用品的造型都普遍采用圆形，就是这个道理。

古埃及人认为，圆是神赐给人的神圣图形。人们也往往以圆来赋予圆满、周全、轮回、美好等意义，这自然会给人带来无尽的遐思与寄托。作为中华传统文化标志性符号的太极图就是一个圆形，它象征着宇宙的运动结构和形态特征。（见图 2-8）奥林匹克标志由五个圆环构成，象征五大洲和全世界运动员在奥运会上相聚一堂。（见图 2-9）而古希腊著名哲学家芝诺有一句别出心裁的经典名言：人的知识就好比一个圆圈，圆圈里面是已知的，圆圈外面是未知的。你知道得越多，圆圈也就越大，你不知道的也就越多。圆——还真是极富哲学意趣呢！

图 2-8　中华太极图

图 2-9　奥运五环标志

你可以喜欢圆，你也可以不喜欢圆，重要的是圆绝不会在这个世界消失！我们的生活更离不开圆！假如这个世界没有圆，假如你的生活真的离开了圆，那么世界和你将会怎样呢？

(7) 解析几何之光辉——追寻笛卡儿的数学精神

诞生于 17 世纪的解析几何，在数学发展史上具有划时代意义。它的创立由法国同时代的两位数学家笛卡儿和费马各自独立完成。笛卡儿的解析几何思想因更具深刻的精神内涵而在数学史上独树一帜。

关于笛卡儿创立解析几何的历史意义，恩格斯（1984）[164] 指出，"数学中的转折点是笛卡儿的变量。有了它，运动进入了数学，因而，辩证法进入了数学，因而微分和积分的运算也就立刻成为必要的了"。而富有卓见的法国著名数学家阿达玛敏锐而深刻地看到了解析几何对数学发展的重大作用。他认为，数学研究对象的全部概念，发生了彻底变革，直接促成这一变革的是笛卡儿。

笛卡儿创立解析几何思想的数学构思是几何量算术化，构造代数方程，求解轨迹方程，形成核心概念。从这四个步骤来看，第一步就是几何问题代数化，第二、第三步是代数化的继续，第四步形成核心概念则是对代数结果的几何化。（见图 2-10）而且，形成核心概念这一步骤是在前三步完成后产生的。这说明，核心概念的形成，实现了几何问题代数化和代数结果几何化的有机统一。由于数学的基本思想方法总是体现在其对应的数学核心概念中，因此，几何问题代数化、代数问题几何化，以及它们的有机统一即数形结合，是解析几何的基本思想。

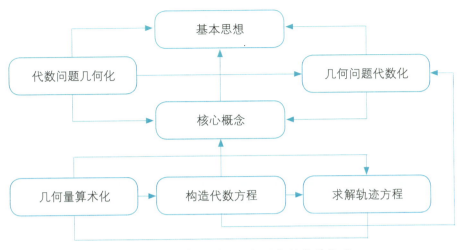

图 2-10　笛卡儿创立几何思想的数学构思

笛卡儿创立解析几何思想的背后是深刻的数学精神。这主要体现为：理性化的科学精神、统一化的数学信念，以及和谐化的美学品格。

1. 理性化的科学精神

西方哲学界普遍认为笛卡儿是近代西方理性主义的创始人之一。他的理性精神在数学上的表现非常鲜明。他曾直截了当地批评古代的几何过于抽象，而且过多地依赖图形；他对代数也提出了批评，认为它完全受法则和公式的约束："古代的解析几何和近代的代数，除了限于谈论一些很抽象的问题外，似乎没有什么实际的用处，前者常逼你观察图形，你若不绞尽想像力，就不能活用理解力；后者使你陷于一些规则和号码的约束中，甚至将它弄成混淆含糊不堪的一种技术，不但不是一种陶冶精神的科学，反而困扰精神。"（笛卡尔，2004）

笛卡儿不仅具有冷静、鲜明的批判精神，还能从前人的成果中虚心、合理地继承和发展。他批评欧氏几何的抽象和不实用，但同时也坚信欧氏几何的逻辑力量，对那种从公理出发的严谨推理深信不疑。他批判经院哲学方法，倡导理性的演绎法，而理性演绎法的标本就是传统的几何学的逻辑推理方法。他不满代数的呆板和晦涩，但同时也格外推崇代数尤其是方程的魅力。他独具慧眼，觉察到代数是一门具有普遍意义、内含潜在的方法的科学。韦达符号代数学的出现，在很大程度上影响和鼓舞了笛卡儿。他相信代数完全可以作为一种有效的方法加以应用，甚至他自己表示要完成韦达未竟的事业。批判，不是全盘的批判，而是保证兼容的合理；继承，也不是盲目的继承，而是坚持选择的理性。

2. 统一化的数学信念

美国数学史家 M. 克莱因（2002）认为，笛卡儿"是第一个杰出的近代哲学家，是近代生物学的奠基人，是第一流的物理学家，但只偶然地是个数学家。不过，象[①] 他那样富于智力的人，即使只花一部分时间在一个科目上，其工作也必定是很有意义的"。

笛卡儿一生并未把更多时间投入数学，但他的数学信念是坚定而深刻的。他总是试图以数学为模型建立哲学和科学方法论，因而他的哲学思想具有鲜明的数学化特征。即从最少的极清晰的概念和不证自明的公理出发，一步一步地推演出其他许多命题，以构成一个知识系统。这种哲学观直接影响了笛卡儿数学思想的生成和发展。笛卡儿的数学信念归结起来是：数学是宇宙的语言；逻辑，尤其是几何学那种从公理出发的推理，只要正确应用，就是绝对可靠的工具；数学方法是获得一切科学知识和解决一切科学问题的普遍工具；有用的数学方法才能对一切自然现象给予解释并做出证明；代数是一门具有普遍意义、内含潜在的方法的科学；取代数与几何之精华，建立普遍的、统一的"通用数学"（笛卡儿发明解析几何的动机是要建立一种普遍的通用的数学，以解决一切事物的次序和度量性质问题）。

---

① 应为"像"。原文如此，特此说明。

容易看出，笛卡儿数学信念的显著特点就是统一化（建立代数与几何的统一）。最能反映这种特点的，归根结底还是那句名言：一切问题都可归结为数学问题，一切数学问题都可归结为代数问题，一切代数问题都可归结为解方程问题。

应该说，这种数学信念是笛卡儿创立解析几何思想的行动指南（当然，笛卡儿数学信念的形成与其理性主义的认识论和方法论密不可分）。在解析几何思想的形成过程中，笛卡儿把这种信念演绎得精彩绝伦——尽管他的名言中关于"一切"的表述显得有些轻率，或者还只是一个"美丽的传说"。

3. 和谐化的美学品格

数学发展的历史表明：数学的发现和发明，既是审美的过程，也是塑造美的过程。数学是美的，而在数学美的各个属性中，和谐最为人们所推崇。笛卡儿的解析几何充分体现了数学的和谐美。

（1）客观与主观的和谐统一："曲线与方程"是解析几何的核心概念，是"曲线"概念和"方程"概念的高度统一体。在这一概念中，曲线概念和方程概念既是对称的，也是统一的，曲线是方程的曲线，方程是曲线的方程。同时，这一概念既是方程概念的拓展，也是曲线概念的重建。曲线是宇宙空间形式的客观反映，方程是人类智慧的创造发明，曲线与方程统一在一个概念中，体现了客观世界与主观世界的高度和谐统一。

（2）部分与整体的和谐统一：解析几何创立之前，代数学与几何学是两门彼此独立的数学学科，笛卡儿用代数方法研究几何问题，使代数学与几何学和谐地统一起来。这不仅开统一数学的先河，也揭示了数学发展的本质特征和必然趋势：数学各学科之间是和谐统一的。

（3）简单与复杂的和谐统一：宇宙的空间结构是复杂而多变的，但是，笛卡儿建立了曲线与方程的联系，以几个简单的方程就能描述复杂而多变的曲线。这不仅是对无限丰富和永恒发展着的自然界和谐秩序的一个概括，而且为人类打开一个新的曲线世界，使得认识新空间变得更加清晰和容易。

（4）静态与动态的和谐统一：笛卡儿在《几何学》中巧妙地引入了变量的思想，是他第一个把二元方程 $F(x, y) = 0$ 中的 x, y 作为变量来看（尽管他没有使用这个术语），认为方程既是未知数与已知数的关系式，更是两个变量的关系式。动态地看二元代数方程的解与组成平面曲线的点，可以发现它们有内在的本质联系，可把方程与曲线等量齐观。这一别致的想法使静态的代数方程与几何图形实现了"曲线与方程"统一的动态和谐。

（8）足球比赛的输与赢——让计算与推理做判断

足球被誉为世界第一运动。足球运动与足球比赛充满激动人心的体育精神、广泛深刻的教育价值和饶有趣味的文化意义。世界杯足球赛是全世界国家级别球队参与的运动盛会，是象征足球界最高荣誉并具有最大知名度和影响力的足球赛事。

世界杯赛事首先是小组淘汰赛，之后是对抗淘汰赛，最终决出冠军。在小组比赛中，通过部分比赛分析推测哪个队伍晋级或淘汰往往最受球迷关注和热议，这其中就蕴含着颇有趣味的数学问题。世界杯中的数学问题，通常涉及运算、统计和概率等知识，也需要用分类和逻辑推理等数学思想，是让学生认识数学、热爱数学、提高数学思维能力的宝贵素材。

问题 1：2014 年巴西世界杯一共有 32 支代表队参加比赛。首先分 8 个小组进行单循环比赛，每组有 2 支球队出线，之后是对抗淘汰赛，最后决出冠、亚军和第三、第四名。请问一共有多少场比赛？你是如何计算得到的？

解：一共有 64 场比赛。

① 每一小组 4 支球队进行单循环比赛，则每一小组共有 6 场比赛，8 个小组共有 48 场比赛。即：[4×（4-1）÷2]×8=48（场）。

② 每组有 2 支球队出线，则共有 16 支球队出线；16 支球队进行对抗淘汰赛，最后决出冠、亚军和第三、第四名，则共有 16 场比赛。即：16÷2+8÷2+4÷2+1+1=16（场）。

所以，一共有 64 场比赛。

问题 2：巴西世界杯 A 组小组赛赛况如下。（见表 2-1）

表 2-1　巴西世界杯 A 组小组赛赛况[①]

	巴西	墨西哥	喀麦隆	克罗地亚
巴西		0：0		1：3
墨西哥	0：0		0：1	
喀麦隆		1：0		4：0
克罗地亚	3：1		0：4	
积分（净胜球）	4（2）	4（1）	0	3（2）

世界杯小组赛积分榜排名计算规则是：

第一，每队胜 1 场得 3 分，平 1 场得 1 分，输 1 场不得分。

第二，小组排名依次依照下列规则从多到少排列：① 小组赛总积分；② 小组赛总净胜球数；③ 小组赛总进球数。如果 2 支或超过 2 支球

[①] 比分中进球者顺序为先横后纵，如克罗地亚队和巴西队比分为"1：3"，即横向表头对应显示的克罗地亚队进 1 个球，纵向表头对应显示的巴西队进 3 个球。此说明也可不告诉学生，由学生自行判断得出。后同。

队依照前述规则未分出排名先后，他们的排名将依次依照下列规则从多到少排列：① 涉及球队间相互比赛的总积分；② 涉及球队间相互比赛的总净胜球；③ 涉及球队间相互比赛的总进球数；④ 由国际足球联合会组委会抽签决定。

请问：巴西队有被淘汰的可能吗？如被淘汰，需要什么条件？为什么？（或者问：墨西哥队或克罗地亚队在什么情况下可以出线？）

解：有被淘汰的可能。条件是：

① 巴西队输给喀麦隆队；

② 克罗地亚队与墨西哥队打平，克罗地亚队积4分，与巴西队积分相同；

③ 克罗地亚队净胜球依然为2，而巴西队净胜球必少于2。

这样，墨西哥队与克罗地亚队出线，巴西队被淘汰。

问题3：巴西世界杯D组小组赛赛况如下。（见表2-2）

表2-2　巴西世界杯D组小组赛赛况

	意大利	英格兰	乌拉圭	哥斯达黎加
意大利		1：2		
英格兰	2：1		2：1	
乌拉圭		1：2		3：1
哥斯达黎加			1：3	
积分	3	0	3	3

请问：英格兰队是否还有出线可能？如可能，出线的条件是什么？

解：在理论上还有出线可能。条件是：

① 英格兰队首先要胜哥斯达黎加队；

② 意大利队必须胜乌拉圭队和哥斯达黎加队；

③ 在①和②的前提下，英格兰队必须依靠更多的净胜球挤掉乌拉圭队和哥斯达黎加队。目前英格兰队失球数为 4，净胜球为 -2；乌拉圭队失球数为 4，净胜球为 -1；哥斯达黎加队失球数为 1，净胜球为 2。如果英格兰队胜哥斯达黎加队 1 球，需意大利队胜乌拉圭队 1 球以上，并且意大利队胜哥斯达黎加队 4 球以上；如果英格兰队胜哥斯达黎加队 2 球，应需意大利队胜乌拉圭队 1 球以上，并且意大利队胜哥斯达黎加队 3 球以上；也就是说，只有英格兰队胜哥斯达黎加队更多的球，并且以意大利队胜哥斯达黎加队足够的净胜球做保证，英格兰队才能出线。

从概率上讲，出现这种情况的希望非常渺茫。

★ 核心观点

◆ 数学是人类对客观世界特征和规律的发现与发明。

◆ 数学的发现与发明体现在人类通过创造精致的"思想模式"揭示和解释客观世界的特征和规律等方面。

◆ 人类在创造精致的"思想模式"的结果与过程中，不仅积累了揭示和解释客观世界特征和规律的数学概念、公理、原理、定理、公式、方法以及猜想和问题等庞大的数学知识形态，也将人类的宇宙观念、主体意识、崇高信念、高尚情感、价值追求、诗性智慧、理性思维、数学思想等深刻的数学精神形态蕴含其中。

◆ 数学文化是人类发现、创造数学的过程中所积累的数学知识体系和所蕴含的数学思想精神的统一体。

◆ 数学文化既包括数学概念、公理、原理、定理、公式、方法、猜想、问题等显性的数学知识形态，也包括数学家发现、创造数学过程中所蕴含的宇宙观念、主体意识、崇高信念、高尚情感、价值追求、诗性智慧、理性思维、数学思想等隐性的数学精神形态。

数学有哪些基本特征
——文化视域的俯瞰

论及数学的特征，最经典的概括莫过于苏联著名数学家 A.D. 亚历山大洛夫提出的数学三大特点：第一是高度抽象性，第二是逻辑严格性以及结论确定性，第三是应用广泛性。（亚历山大洛夫 等，2001）[1] 无疑，这深刻地揭示了数学所独有的基本特征：高度抽象性是数学产生发展的逻辑前提，也是数学最核心和最具本质意义的特征；逻辑严格性是数学知识体系的基本框架，也是数学最突出和最具个性色彩的特征；应用广泛性是数学功能辐射的内在机制，也是数学最直接和最具深厚品格的特征。而如果立足文化的意义，从数学的发展过程、创造动因和内在规律审视，数学还具有不断累积性、审美驱动性、整体统一性等意味深长的文化特征：不断累积性是数学文化传承的历史逻辑，审美驱动性是数学创造活动的核心动力，整体统一性是数学内在规律的逻辑归结。（见图 3-1）

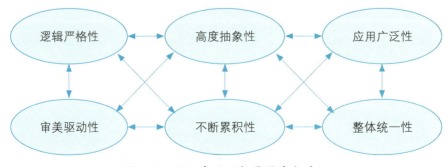

图 3-1　文化意义下数学的基本特征

◇ 高度抽象性：数学产生发展的逻辑前提

"抽象"源于拉丁语"abstractio"，含有"排除""抽出"的意思。任何一门科学都具有抽象性，而数学则具有更高程度的抽象性。数学抽象是人类思维的自由创造物或自由想象物，是数学活动的根本反映，是决定数学产生的逻辑前提。从数学的认识对象来说，无论是刻画现实世界数量关系和空间形式的"数"与"形"，还是数学中的基本概念、原理、定理、公式、模型等，无不源自人类对现实世界基本特征的高度抽象。自然数在现实世界中原本是不存在的，自然数"1"应是人们从类似一个太阳、一棵树、一头牛、一只羊、一个人等自然和社会现象中逐渐认识而创造出来的；点、线、面、体等空间概念在现实世界中也是不存在的，而是人类在认识客观世界的过程中，发现了现实世界各种事物的空间特征以及在空间上的关系从而逐渐抽象创造出来的。空间形式和数量关系就是人对现实世界进行抽象和创造的结果；至于"结构"和"模式"等不断进化的数学研究对象，其实质归根结底也是对"空间形式和数量关系"进行更高层次抽象的结果。

数学抽象也是促进数学发展的根本途径。数学发展的历史就是数学不断从一个层次的"抽象"向更高层次的"抽象"发展的历史，这一过程也是永无止境的。这其中，数学的概念与理论得以不断生长，数学的知识体系得以不断延展。例如，人类最初抽象出"自然数"的概念，而在自然数的基础上，又不断抽象和拓展出整数、分数、有理数、无理数、实数、虚数、复数、超越数等概念；另外，在自然数的基础上又逐步抽象出"任意数"和"变数"，再进一步抽象出"函数"，进而抽象出"泛函数"的概念。可以说，每一阶段的抽象都是以应用先前的概念而积累起来的经验为准备。"数学概念是以应用先前的抽象概念积累起来

的经验为基础，通过一系列的抽象与概括过程而产生的。"（亚历山大洛夫 等，2001）[16]

英国著名数学家阿蒂亚曾经指出：现代数学家之所以能够解决那些他们前辈认为解决无望的复杂问题，就在于他们掌握了具有高度概括性的能够作为数学统一基础的抽象思维方法。在 19 世纪以后，数学理论的抽象性节节上升，集合论和公理化方法逐步形成更加抽象的概念与方法，在代数学中由数扩张到群、环、域及代数结构，在函数论中由函数扩张到泛函、算子与映射。接踵而来的是数学知识体系（数学大厦）的剧烈膨胀。

数学抽象就好比一棵大树，它越是向上、向高处不断生长，就越是向下、向深处努力地扎根，于是就有了枝繁叶茂和累累硕果。数学不就是这样一棵永远生长的常青大树吗？

◇ 逻辑严格性：数学知识体系的基本框架

数学理论的表述系统是一个严格的演绎系统，逻辑推理是数学活动的基本表达方式，是构建数学体系的基本框架，是获得数学结论的必要途径，是使数学准确严谨的基本保证，是形成数学的理性品格的重要基础。数学的演绎推理过程总是从一些初始概念（不定义的概念）和一些初始命题（不证明的命题、公理）出发，按照一定的逻辑规则，定义出所有需要的概念，推导出所有需要的命题（定理）来。推导是一个严格的逻辑证明过程，其依据只能是初始命题（公理）或已经证明了的命题（定理）。如果实现并确保了这一点，就被认为是逻辑严格的。众所周知，欧几里得的《几何原本》可谓是数学中逻辑严格的最初的经典范例。《几何原本》中数学的逻辑严格性遵循三条标准：公理的自明性，遵守逻辑规则；感性直观；对逻辑要求与感性直观的坚定信念。

需要指出的是，19 世纪初建立的非欧几何学动摇了人们对公理自明性和人的感性直观的信念。直至集合论诞生，它试图为数学的逻辑严格性提供一个新的更为稳妥的标准——这就是数学理论必须满足形式公理的要求。但是，当人们普遍认可集合论能够保证公理系统的无矛盾性时，逻辑严格性再一次滑落深渊——认可集合论意味着人们又一次使用了感性直观，这就产生了令人无可奈何的悖论。这之后，又出现了以形式系统处理数学的逻辑严格性问题。然而，试图对整个数学进行形式化在理论上也是不可能的！而且，哥德尔不完备定理再一次警示：一个足够丰富的形式系统的无矛盾性不能在系统内得以证明。数学的逻辑严格性问题最终并没有得到彻底解决。

这说明，数学的严格性随数学的发展而不断升级，但永远也达不到似乎也不存在绝对的逻辑严格性。但这并不意味着数学"逻辑的失意"，而也许恰恰是数学"诗意的逻辑"吧！正如英国著名化学家戴维所说，数学无穷无尽的诱人之处在于，它里面最棘手的悖论也能够盛开出美丽的理论之花。

是的，追求数学逻辑严格性的过程本身，不正彰显了数学的严格性吗？

◇ 应用广泛性：数学功能辐射的内在机制

被后人称为"现代计算机之父"的20世纪世界最重要的数学家之一冯·诺依曼认为：数学方法渗透并支配着一切自然科学的理论分支；它越来越成为衡量科学成就的主要标志。而伟大的思想家马克思深刻地指出：一门科学，只有当它成功地运用数学时，才能达到真正完善的地步。细细品味，毋庸赘言，举例说明数学之于人类生产和日常生活的作用似乎没有意义，因为人类生产实践与日常生活的方方面面和每时每刻，怎能离得开数学？又何曾离开过数学呢？人类何以认识这个世界？

人类何以经营自己的生活？假如没有数学，这个世界会怎样？人类生活会怎样？发展到今天的日益累积、不断完善的数学成就已然"360度全方位立体化无死角"强劲地发挥着惠及人类的功能。可以说，假如没有数学，人类的生活必将是无法想象的！

至于科学的发展与技术的进步，哪个领域不是幸运地受惠于数学并实质性地应用着数学呢？精确科学——力学、天文学、物理学、化学、生物学、地理学等，通常都是以一些数学公式作为工具来表述自己的定律和理论；乃至社会科学——经济学、金融学、管理学、政治学、军事学、法学等，也总是离不开数学工具和数学方法的支撑与援助。没有数学，这些科学的进步简直是不可能的。而如果没有数学，所有的现代技术也都是不可能的，离开或多或少复杂的计算，也许任何一点技术的改进都不能有；在新的技术部门的发展中，数学起着十分重要的作用。尤其是计算机的产生和广泛使用，不仅促使了数学应用的迅猛发展，也为数学应用提供了前所未有的有效工具，使数学得以应用到人类实践和人类科学的每一个领域。

事实很"丰满"，归因很"骨感"：数学何以有如此的应用价值和强大张力呢？这是因为数学为各个领域的问题及其解决提供了科学的语言，数学为其他科学提供了一种抽象思维的模式，数学为解决各领域的问题提供了计算方法。"数学的生命力的源泉在于它的概念和结论尽管极为抽象，但却如我们所坚信的那样，它们是从现实中来的，并且在其他科学中，在技术中，在全部生活实践中都有广泛的应用"（亚历山大洛夫 等，2001）[3]。

◇ 不断累积性：数学文化传承的历史逻辑

肩负人类文化传承的每一代人创造历史并受惠于历史，这在数学上的表现尤为突出。数学史上，"无法在全部数学知识中划一条界线，说这部分是传统数学，那部分是现代数学。数学概念的成长是连续的，新得到的数学扎根于旧的之中"（Kapur，1989）[12]。不同于其他科学，人类在数学活动中总是不断积累经验并提出新的问题，经验和问题唤起一代代人的信心、热情和智慧，使后人站在前人的肩上，为数学的大厦添砖加瓦。在这一过程中，数学不断累积，连续发展，历久弥新。对此，德国数学家汉克尔深刻地认识到："在大多数学科里，一代人的建筑往往被另一代人所摧毁，一个人的创造被另一个人所破坏；唯独数学，每一代人都在古老的大厦上添加一层楼。"（Moritz，1914）爱因斯坦也有更为精到的见地：数学之所以比其他一切科学受到尊崇，一个理由是它的命题是绝对可靠和无可争辩的，而其他的科学经常面临被新发现的事实推翻的危险。事实上，在数学中从来没有什么东西会失效，也没有什么会过时。如果说现代物理学家对古希腊物理学只有历史的兴趣，那古希腊数学则仍然是现代数学家无法回避的好数学。

"数学的这种积累过程，这种不断的扩大与完善是其特性中最宝贵之点，因为它已经清晰地、明显地给了人类以过程的概念，其方式是任何其它事物不能比拟的，更不必说超过了。"（Kapur，1989）[28] 的确，数学的结论几乎很少引起争端或被摧毁，新的数学理论总是在继承和发展原有理论的基础上建立起来，它们不仅不会推翻原有的理论，而且总是包容原有的理论，推广前者，补充前者，统一前者。"数学是积累的科学，它本身就是历史的记录。或者说，数学的过去融化在现在与未来之中。"（王青建，2004）数的概念的拓广、几何学的演进、微积分理论的完善、现代数学的分化等都证明了这一点。

◇ 审美驱动性：数学创造活动的核心动力

数学本身是美的。古希腊数学家普洛克拉斯曾赞叹：哪里有数，哪里就有美！英国数学家罗素指出：数学，如果正确地看待它，则不但拥有真理，而且还具有至高的美——冷峻质朴的美，就像雕塑的美，无须求助我们任何薄弱的天性，没有绘画和音乐那华丽的诱惑，然而崇高和纯粹，只有最伟大的艺术家才能呈现那样的完美。英国数学家哈代（2007）[62-63]认为："数学家的模式，就像画家和诗人的模式一样，必须是优美的；这些思想，就像色彩或者字词一样，必须以和谐的方式统一起来。优美性是第一道检验标准：这个世界没有为丑陋数学准备长久的地盘。"德国数学家库默尔指出：一种特别的美统治着数学王国，它不像艺术的美，而更像自然的美；它感动会思想的头脑，也和自然美一样，赢得思想者的欣赏。法国数学家庞加莱曾把数学美的内容和基本特征概括为：统一性、简洁性、对称性、协调性和奇异性。

人类是按照美学的规律去改造世界的，追求完美的数学境界是数学思维的一个特点。"数学，作为人类思维的表达形式，反映了人们积极进取的意志、缜密周详的推理以及对完美境界的追求。"（柯朗 等，2005）数学发明创造的动机常常因美而生，数学家总是尽力追求数学理论和方法的优美。对题材和结论无论是选择还是判断、评价，审美的标准比逻辑的标准甚至实用的标准都更重要。"尽管数学的系谱是悠久而又朦胧的，但是数学思想是起源于经验的。一旦这些思想产生，这门科学就以其特有的方式生存下去。和任何其他学科，尤其是经验学科相比，数学可以比作一种有创造性的又几乎完全受审美动机控制的学科。"（Kapur，1989）[2] "在数学中，认知的准则与审美的准则是分不开的，与从突然揭示了具有新的奇妙和新的结构的知识所得到的喜悦是分不开的。在大多数情况下，审美的准则压倒了对所获科学进展的所有其他严肃和客观的准则，而这类进展在数学思想的各个分支中都可能出现并且具有头等重要性。"（Kapur，1989）[8] 对数学美的追求，归根结底还是对数学真理的追求，数学乃真与美的统一。一种数学理论，就其反映了客观事物的本质与规律而言是真，就其表现了人的能动的创造力而言是美。亚里士多德指出，硬说数学科学无美可言的人是错误的！

◇ 整体统一性：数学内在规律的逻辑归结

宇宙最不可理解的事情就是我们能够理解它。这其中的重要根源在于数学。事实上，我们生活在受精确统一的数学定律制约的宇宙之中，数学正是以揭示宇宙的逻辑统一性为己任的。统一是数学发展的本质特征和必然趋势。德国数学家希尔伯特（1990）认为，"数学科学是一个不可分割的有机整体，它的生命力正是在于各个部分之间的联系。……数学理论越是向前发展，它的结构就变得越加调和一致"。数学各学科之间是和谐统一的。统一包括数学的对象统一、结构统一、思维统一、方法统一。勾股定理是典型的数与形的统一；许多数学事实、真理在不同的起源地和不同的文化背景下都能够找到同一个开端，勾股定理在早期巴比伦泥板楔形文字记录中、在古希腊毕达哥拉斯学派的发现中、在中国的《周髀算经》中都有体现，解析几何、微积分、非欧几何各自分别为不同的数学家所独立并几乎同时发现和发明，这说明数学在本质上是统一的，或许也是一种文化直觉带来的认识的统一；布尔巴基学派发现，数学分支繁多，但内部紧密统一，错综复杂的数学理论后面有一个普遍的概念——结构；中国古代数学统一于一个算法化的应用数学体系，解析几何将代数与几何完美地统一；莱布尼茨决心把逻辑表示成一种演算，这种演算研究非数量的抽象关系或形式关系，也被称为普遍的数学；德国数学家 F. 克莱因提出用群的观点统一整个数学，并通过群把几何学、代数学、分析学联结成一个统一的数学整体。这些是数学方法上的统一。

20 世纪以来，数学越发显现出统一整体的特点，一些看起来完全不相干的概念之间的联系被不断发现。最典型的就是费马大定理的解决，几乎依靠所有经典数学的分支，包括数论本身、代数几何、李群和李代数分析等发展出来的思想。这些既是数学内在的统一性的集中体现，又是数学在更高层次上走向统一的反映。（张恭庆，1999）数学的统一是宇宙和谐统一的深刻反映，这为人类认识无限纷繁的宇宙规划了一份精致的图景。

综上，不断累积性、审美驱动性和整体统一性与高度抽象性、逻辑严格性和应用广泛性，共同构成了广泛意义上的数学的文化特征。此外，这些特征之间又有其内在的逻辑关联：高度抽象性是数学的根本特征，正是数学的高度抽象，决定了数学自身逻辑体系的严谨缜密，决定了数学应用的广泛强大，决定了数学内容体系的整体统一；不断累积性是数学的存在形式，高度抽象、逻辑严格和应用广泛以及审美驱动和整体统一是不断累积的条件，不断累积则是它们的结果。这些特征的交互作用使数学成为最具文化意义的科学。

★ 核心观点

◆ 数学具有广泛、深刻、意味深长的文化特征——

高度抽象性：数学产生发展的逻辑前提；

逻辑严格性：数学知识体系的基本框架；

应用广泛性：数学功能辐射的内在机制；

不断累积性：数学文化传承的历史逻辑；

审美驱动性：数学创造活动的核心动力；

整体统一性：数学内在规律的逻辑归结。

数学有哪些育人价值
——教育立场的定位

论及数学的本质，往往让人云里雾里；论及数学的特征，总是众说纷纭；论及数学的文化价值，又令人眼花缭乱；而论及数学的育人价值，则不免褒贬不一。在许多人看来，数学对人的智慧与个性的塑造仿佛是一把双刃剑：一方面，数学可以使人头脑更聪明，遇到困难时善变通，思考问题时更全面，解决问题时更缜密；另一方面，数学总是让人行为很另类，遇事过于认真执着，行事过于高冷古怪，容易钻牛角尖。对于学习数学的感受，我们常常能够听到这样的抱怨和无奈——

数学原来很玄奥，高深晦涩的数学定理和公式总让人捉摸不透。

数学确实很恼人，复杂刁钻的数学计算和推理总让人头昏脑涨。

数学令人很无奈，你不愿学又必须得学，你想学可是又学不会。

凡此种种，不一而足。而耐人寻味的是，相比其他一些学科，大众对数学的评价总是更为活跃，以至不时会成为一个津津乐道的话题，甚至还生发出"数学该不该退出高考"之类的热议与争论。如此说来，厘清数学的育人价值就显得更为必要！

数学，作为具有独特文化价值的学科，必将具有无以替代、意味深长的教育学意蕴。当数学的文化意义辐射到教育活动中，必将淋漓尽致地发挥出激发人、鼓舞人并且促进人在思维、思想、情感和精神等方面得以完满释放与塑造的化人功能，这正是数学的"育人品格"。学生在学习数学的过程中，数学的知识体系和精神特质能潜移默化地发挥其强大而深远的育人功能，不断塑造学生追求真善美的自觉自主之情怀、诚实正直之品性、坚韧勇敢之精神，能使学生更为深入地理解和掌握科学发现与创造的基本原理、认识方法、实践方法，养成独立思考的学习习惯，形成严谨求实的科学态度，具有火热的好奇心、敏锐的问题意识、大胆的想象力和创造力等。可以说，数学能够更全面有力、切实有效地培养和提升人的人文底蕴和科学精神等关乎人的终身发展的正确价值观念、必备品格和关键能力。数学可以培养学生的数学科学文化素养，促进学生整体认知结构的发展，开阔学生自我超越的精神空间。更为概括地说，数学独特的育人价值体现在：更为强劲地激发学生的诗性智慧，更为有力地塑造学生的理性精神。

◇ 激发诗性智慧

诗性智慧是意大利著名历史哲学家维柯在其著作《新科学》中率先提出的概念。维柯（1986）认为，原始先民愚昧无知而对周围的世界产生好奇，当他们对自然现象迷惑不解时，"没有推理的能力，却浑身是强旺的感觉力和生动的想象力。……他们就以惊人的崇高气魄去创造，这种崇高气魄伟大到使那些用想象来创造的本人也感到非常惶惑"。在维柯看来，诗性智慧正是指原始先民凭借本能的想象力创造性地阐释世界的智慧，也可以说是一种发现或者创造性的智慧。与理性思维的逻辑性、演绎性不同，诗性智慧是一种非逻辑思维，其源动力是强旺的激情、天真的好奇、审美的直觉和生动的想象。诗性智慧或许是人类最原初、最本真、最美妙、最充满天性的智慧，也是最饱满、最有力、最宝贵、最激动人心的智慧！

被人们普遍认为是人类"理性精神"最高成就的数学也有"诗性智慧"的基因吗？是的！诚如伟大的爱因斯坦所深情感叹的：数学是逻辑

思想的诗篇。细细品来，这其中的深意在于：数学既是"精致的逻辑"，也是"诗性的思想"；数学是理性精神与诗性智慧的交相辉映。不仅如此，从严格意义上来讲，诗性智慧是数学活动的动力引擎。事实上，数学是人类在探索客观世界特征和规律过程中的独特发现与发明，也是人类伟大而神圣的文化创造。数学家在发现和创造数学的过程中，其好奇心、想象力、审美的直觉、突发的灵感、大胆的猜想和终极的追问等往往发挥决定性作用，这也正是数学家的诗性智慧使然。"在数学中，认知的准则与审美的准则是分不开的。在大多数情况下，审美的准则压倒了所有其他严肃和客观的准则，而这类进展在数学思想的各个分支中都可能出现并且具有头等重要性。"（Kapur，1989）[8] 德国数学家威尔斯特拉斯说过：一个数学家，如果他不在某种程度上成为一个诗人，那么他就永远不可能成为一个完美的数学家！

诗性智慧不仅是儿童天性的自然表征、儿童心灵的纵情歌唱，也是儿童创造力的内在动因。激发儿童的诗性智慧，既是提升儿童创造力的关键路径，也是促进儿童终身发展的根本保障。为此，激发儿童的诗性智慧理应成为基础教育的核心关切。特别是对培养学生创造力具有不可替代的奠基作用的小学数学教育而言，培养诗性智慧理应成为竭力彰显的核心育人目标之一。然而，诗性智慧似乎又是一个"伟大得总是让人误解"的概念。在人们的观念意识中，数学课堂与诗性智慧有什么关系呢？于是在教学实践过程中，激发诗性智慧即使没有成为一个可笑的话柄，也会沦为一个"美丽的传说"！我们无奈地看到：在许多小学数学课堂里，诗性智慧总是被人忽视和遗忘以致不屑和丢弃。这突出表现在——因过分追求知识准确率和技能熟练度，过分追求课堂预设的教学模式与流程，致使儿童的独立思考、个性化思维和创造性思维等被忽略以致扼杀，最终导致儿童的好奇心、想象力、大胆追问、审美直觉和灵动创意被钝化与消解。而我们的许多教师，虽然也深有感触却往往缺乏突破的勇气。数学原本激动人心，但数学教育不尽如人意，儿童数学学习的天空很低！

那么究竟如何在数学课堂上切实激发儿童的诗性智慧呢？

这就需要教师竭力为儿童提供神奇美妙和极富挑战性的数学问题。因为问题最易激发儿童的好奇心和探究意识，问题也最易调动儿童的奇思妙想和大胆想象。这就需要教师在教学过程中竭力让儿童经历完满的问题解决过程。这其中特别重要的是，要让儿童真正领悟数学家在解决数学问题时的思维方式和精神踪迹。这就需要教师以饱含"人文化教学"的情怀和智慧为儿童创设"诗性化学习"的文化氛围。为此，这又需要教师不仅鼓励儿童的奇思妙想，而且包容儿童的胡思乱想。教师要善于天真着儿童的天真，追问着儿童的追问，迷茫着儿童的迷茫，兴奋着儿童的兴奋。

这样的教学，才是让儿童在数学化的历程中热情地体验数学、享受数学和再创造数学，才是让儿童诗意地栖息于一片温馨自由的文化境界之中。这样的教学，是由儿童初进课堂面对所要学的数学知识产生"到底是什么样子"的迷茫和追问，到投入学习之中生发"怎么是这个样子"的困惑和疑问，直至最后走出课堂获得"原来是这个样子"的兴奋和充实。这恰是一种高尚本真、丰厚灵动的高品质数学教育。

哪个儿童不向往和兴奋于能够尽情放飞诗性智慧的数学课堂？为此，对小学数学课堂教学来说，更应竭力追求通过为儿童提供神奇美妙引人入胜的数学文化，并让儿童经历饶有兴致充实完满的问题解决过程，让一个个纯美清澈、率真生动、稚嫩柔弱的天真心灵真正成长为一个个高尚本真、丰厚灵动、坚韧挺拔的更天真的心灵——"让天真的心灵更天真"。这才是彰显育人为本的课堂，这样的课堂也才能更强劲有力地激发儿童的诗性智慧。而这对我国小学数学课堂教学来说，正是一份深切追寻的文化期待！我们关切的是：实现这份深切的文化期待，还需要多长的历程？

这里有一个真实的故事——

在小学数学课堂上，教师为了让学生复习上一节课学习过的异分母分数加法法则，便在黑板上写下一道题："$\frac{1}{2}+\frac{1}{3}=$?"这时，班里的一个小男孩迫切地举手回答："$\frac{1}{2}+\frac{1}{3}=\frac{2}{5}$。"他的解答立刻引来同学们一片哄笑，小男孩羞愧地低下了头……

$\frac{1}{2}+\frac{1}{3}=\frac{2}{5}$这个解答显然是错了！尤其已经学过异分母分数加法法则之后，这样的解答更是一个很"低级可笑"的错误！而事实上，这样的错误在小学生那里也并不是个例。那么在课堂上，教师面对这种情景会怎样处理呢？

让我们回到故事中——

这位教师首先关切地看着小男孩，慢慢走到他身边，语气柔和地试探着说："你是把分子和分子加到一起，分母和分母也加到一起，最后得出了这个结果吧？"小男孩又是一副羞愧的样子，点了点头。这位教师却用欣赏的语调说："其实你的这个想法真的很有审美味道！这是一种非常难得的审美直觉，虽然结果错了。"接着，这位教师对全班学生说："$\frac{1}{2}+\frac{1}{3}=\frac{2}{5}$，这个计算结果的确错了。那么你们认真思考一下，它为什么是错的呢？"

就这样，全班学生又开始对这个问题展开热烈的思考和探究。

其中有学生说："$\frac{1}{2}$是一个整体的一半，$\frac{1}{2}+\frac{1}{3}$就是要比一半还要多，而$\frac{2}{5}$是不足一个整体的一半的，所以$\frac{1}{2}+\frac{1}{3}=\frac{2}{5}$就一定是不对的！"

另有学生说："如果按照把分子和分子加到一起、分母和分母加到一起的方法计算$\frac{1}{2}+\frac{1}{2}$，就应该等于$\frac{2}{4}$。但是，$\frac{1}{2}+\frac{1}{2}=1$！所以，那样算的结果就一定是不对的！"……

学生思考探究后，教师对学生的思路给予了表扬，之后又看着那个小男孩说："怎么样，现在明白了吧？"小男孩显得很开心的样子，说："是的！老师，其实我之前是忘记了运算法则。"这时，教师走向黑板，对全班学生说："看来，上一节课我没有把异分母分数加法的法则讲明白。现在让我们再来学习一下！"

我们剖析一下故事里这位教师的教学处理所蕴含的教育观念与教学智慧。当那个小男孩回答错误以及由此引发了同伴们的哄笑时，教师既没有立刻训诫小男孩连这样简单的刚刚学过的问题都不会，也没有由此引发告诫其他同学上课一定要认真听讲，学习数学一定要牢记法则等。教师基于学生的错误回答，巧妙地提出了一个问题让大家思考："$\frac{1}{2}+\frac{1}{3}=\frac{2}{5}$，这个计算结果……为什么是错的呢？"这就使课堂教学中随机发生的事件变成了一个难得的教学资源，从而演绎出更为宝贵生动的新的数学问题，引导学生进入一个新的问题解决的过程。事实上，学生在解决这个问题的过程中恰恰经历了严谨计算和逻辑推理等宝贵的数学思维过程，这不仅使一个看似平淡的数学问题充满了文化意蕴，也使学生的学习充满了文化意境，当然也让教师的教学充满了文化意趣。

特别是教师对小男孩的处理更显其育人的境界品位之高。"其实你的这个想法真的很有审美味道！"当那个小男孩听到这样的话语时，可以想见，他之前的羞愧和自卑或许会得到消解，更重要的是，他稚嫩柔弱的童心会油然升腾起哪怕是一点点的自豪和自信。而教师最后说道："看来，上一节课我没有把异分母分数加法的法则讲明白。现在让我们再来学习一下！"这个处理真可谓于细微处见精神！从这个教学处理来看，这里蕴含了这位教师高尚的学生观、本真的教育观、丰厚的课程观和灵动的教学观。或许，这才是充满育人智慧与境界的高品质数学文化课！

我曾经就这个问题对小学数学教师做过问卷调查和交流访谈，归结起来教师大致有如下处理策略：直接让其他学生回答，得出正确答案后进入新的教学内容，并告诫全班同学"哄笑别人是对别人的不尊重，谁都有回答问题错误的时候"。然后集中处理"$\frac{1}{2}+\frac{1}{3}=\frac{2}{5}$"的问题，请学生再背诵一遍异分母分数加法法则，并叮嘱那个小男孩："上课一定要认真听讲！学习数学一定要牢记法则！"

以上处理策略，着实反映了教师具有尽可能呵护、鼓舞、启发学生的观念意识和方法技巧，实属难能可贵！与此同时，它也反映了教师非常重视学生对数学知识技能的掌握，以及学生对良好听课等学习习惯的养成。但与故事中那位教师的处理相比，似乎还不仅仅缺少一份教学的智慧，更缺少一种育人的境界！

试问：假如你是这位教师，对此你将如何处理呢？

◇ 塑造理性精神

诚然，数学既是"精致的逻辑"，也是"诗性的思想"，但"理性精神"毋庸置疑是数学区别于其他学科的独特精神气质。美国著名数学史家 M. 克莱因（2004）[1]认为：数学最富于智慧挑战，最能促进思想的力量和发展人的逻辑思考能力，最能表达一种理性精神。"正是这种精神，激发、促进、鼓舞和驱使人类的思维得以运用到最完善的程度，亦正是这种精神，……努力去理解和控制自然；尽力去探求和确立已经获得知识的最深刻的和最完美的内涵。"（克莱因，2004）[9]

追溯数学发展的历史，不难发现，理性精神是贯穿数学发展的主旋律，是促进数学进步的强劲号角。可以说，数学发展的历次高峰时代无一例外地也都是数学理性精神高扬的时代。从毕达哥拉斯的"宇宙皆数"到柏拉图的"上帝永远在进行几何化"，可谓人类理性精神的启蒙；

《几何原本》闪耀着人类理性精神的光辉；微积分是人类理性精神的最高胜利。数学发展史中的历次危机并未使数学的大厦轰然倒塌，相反却使人类理性在一次次诘难和洗礼中更加成熟，从而推动了数学的进步与完善，也使人类自身实现了智慧成长和精神超越，这恰是理性精神的力量使然。数学这笔宝贵的财富，使人类智慧获得了为取得以后成就所必需的信心。

数学的理性精神源自数学的高度抽象性和逻辑严密性，集中体现在数学化的思维方式上。诸如思维的高度概括性、深刻性、严谨性、全面性、系统性和批判性等。而正是思维的这些特征属性，不仅直接为人类提供了认识客观世界的锐利武器，也潜移默化并且强有力地塑造着人们独特的思想观念和精神气质。

这里就有一个意味深长的故事——在太空中能否看到万里长城？

这是一个不知从何处来的传闻，万里长城一度被认为是从太空俯视地球时能够看得见的人类建筑之一。2000年全国语文高考试卷要求阅读理解的《长城》一文中甚至就有如此表述："外层空间能看到的地球上唯一的人工痕迹，就是你呵，长城！"2001年经全国中小学教材审定委员会审查通过的人民教育出版社出版的六年制小学教科书《语文》第七册中所选入的《长城砖》一文，也涉及这个话题。这篇课文中有这样几段话：

"确实了不起！"一位宇航员神采飞扬地说，"我在宇宙飞船上，从天外观察我们的星球，用肉眼只能辨认出两个工程：一个是荷兰的围海大堤，另一个就是中国的万里长城！"

"但是，这两者是不能相比的！"一位金发女郎接着宇航员的话说，"万里长城是2000多年以前的人类，用相当原始的工具建造起来的——我不说中国人而说人类，因为这项伟大工程是全人类的骄傲！"

"是的，是的！"一位尖嗓子的男孩兴奋地喊道，"我们的历史老师也说过，万里长城是人类智慧和创造力的里程碑！"

问题是：在太空中究竟能否用肉眼看到万里长城呢？

2000 年，凤凰卫视主持人许戈辉曾采访第一批登上月球的美国宇航员奥尔德林。采访中有这样一段对话——

许戈辉问奥尔德林："在月球上真的可以看到万里长城吗？"奥尔德林非常明确地宣称："人类天性向往神怪和幻想的事物，但这些都不是事实的真相，要在那些从幻想衍生出来的创作力和事实之间找个平衡点。但我可以告诉所有的中国人，在月球上是看不到万里长城的！那是电视对答上产生的误解，和人们对事实不了解所造成的。长城是狭窄而且不规则的，在轨道上，很难看到不规则的事物，月球到地球的距离为 384000 千米，中国万里长城一般宽度只有 10 米，两者如果从比值来看等于是 3840 万倍。那么一根头发的直径约为 0.07 毫米，而它的 3840 万倍则是 2688 米，如果要从月球上看到长城，就相当于在 2.688 千米以外去看一根头发丝，这显然是不可能的！"

奥尔德林依据一连串的数据和数学推理对"在月球上不能看到万里长城"做了阐述，这是多么精致的回答！我们不能不钦佩奥尔德林严谨的理性思维和深厚的数学素养。

数学教育必须充分发挥其在培养学生理性精神方面无以替代的作用。这就需要在数学课堂教学过程中，尽可能充分地给学生进行理性思维的权利和机会。但数学教师在积极践行新课程理念的同时，往往在不知不觉中形成了对"理性思维"的冷落和遗忘。比如在贯彻"引导学生独立思考、主动探索、合作交流"这样的新理念方面，一个不容忽视的事实是：因为追求合作交流，却淡化了思考探索；因为追求探究的形式，却丢掉了学生的主动探索；因为追求思考的广度，却丢掉了思考的深度；

等等。这些，不免使深刻的、独立的"理性思维"淹没在"理念形式化"的海洋中。另外，也是尤为重要的，教师要善于选择可以充分培养学生理性精神的数学课程题材，让学生经历通过理性思维解决问题的完满过程。事实上，在数学乃至现实生活中，可以培养学生理性精神的素材俯拾即是。

据说在国外流传这样一道算术题：一块木板被截成两段，其中一段是整块木板的三分之二，另一段比这段长 1 米，问整块木板长多少米。显然，这是一道不符合现实常理的问题，三分之一那段木板不可能比三分之二那段木板还长。但直接从问题结构来看，这又是一个可以用列方程的方法解决的问题。应该说，这是一个检测和训练学生理性思维的好问题。

学生对这个问题的解决基本会有两种思维方式。一种是通过对问题条件的全面分析，直接做逻辑判断：同一段木板的三分之一要比三分之二短，怎么还会长 1 米呢？这是一道不符合现实常理的问题！无疑，这是以理性思维所做的逻辑判断。另一种是根据问题结构，选择列方程解决。当发现结果是一个负值时，或许会首先检查计算过程，或许会转而分析已知条件，终恍然大悟：条件不成立。出现这样的结果，很大程度上源自学生理性思维的欠缺，或许也是学生按习以为常的"看到题目就想动笔做"和"不加考虑就套用惯常方法"的解题习惯去解决而造成的。不过对学生来说，出现后一种情况也无可厚非，毕竟他们的思维品质是有差异的。

那么如果从教师教学的设计考虑，是不是一定要直接引导学生按照第一种思维方式去判断和解决呢？这也未必。对教学而言，可以采取以下两种路径：一种路径是教师放手让学生去做，当学生出现第二种思维倾向时，教师不加点拨，故作"糊涂"，给学生走一段弯路的机会，当学生发现结果与现实产生逻辑冲突时，再启发学生做回顾和反思，让学生自己悟出其中的错误根源，从而获得理性思维的活动经验；另一种路径是教师适当控制学生的思维取向，启发引导学生"想一想"，然后让学生自觉调整思维路径，这样学生自然而然地选择第一种思维方式，去自主发现解决问题的突破点，从而科学有效地进行理性思考。

究竟哪种教学思路更好？两种路径似乎都具有教育学意义，老师们不妨在实践中尝试一下。尤其值得"理性思考"一下的是：教师如果把这道题用于教学，能够把它看作训练学生理性思维的好题材吗？甚至，又有多少教师会珍视这个题材并进行精心的教学设计呢？

我们要让"理性精神"回归到本属于学生的学习活动中，在教学中彰显理性精神的育人力量，把理性思维所流淌着的数学活动的简约美、精致美和深刻美展现给学生，让学生在数学学习活动过程中获得理性精神的历练。对此，小学数学教学更加任重道远！

★ 核心观点

数学既是"精致的逻辑"，也是"诗性的思想"；数学是理性精神与诗性智慧的交相辉映。

数学家在发现和创造数学的过程中，其好奇心、想象力、审美的直觉、突发的灵感、大胆的猜想和终极的追问等往往发挥决定性作用，这正是数学家的诗性智慧使然。

理性精神毋庸置疑地是数学区别于其他学科的独特精神气质。

理性精神是贯穿数学发展的主旋律，是促进数学进步的强劲号角。

数学的理性精神源自其高度抽象性和逻辑严格性，集中体现在数学化的思维方式上，诸如思维的高度概括性、深刻性、严谨性、全面性、系统性和批判性等。

什么是数学文化课
——教学意义的阐发

在广泛的意义上，数学就是一种文化。那么，通常的数学课不也可以说是数学文化课吗？那为什么还要特别提出数学文化课的概念呢？究竟如何界定数学文化课的概念内涵？特别提出的数学文化课与通常的数学课到底又是什么关系呢？有什么区别和联系？

◇ 数学文化课的内涵

课堂教学作为师生以人类优秀文化为中介的"教"与"学"相统一的教育实践活动，是一种"人化"和"化人"的文化，是师生共同享创人类优秀文化从而获得生命成长的一种动态创生的文化，是师生同心携手经历的一段活生生的生命历程和静悄悄的文化之旅。（李铁安，2018b）[86]

这是课堂教学的原本意义。为此，课堂教学必然蕴含课程内容的文化价值对学生生命的激发与浸润，蕴含教师高尚的道德良知对学生生命的启迪与感召，也蕴含学生主体发展动能自觉而完满的释放与张扬。而课堂教学恰是依托课程的育人功能、教师的育人功能以及学生的主体动能三个要素整体相互协调作用，最终指向并实现学生的健康成长。（见图 5-1）

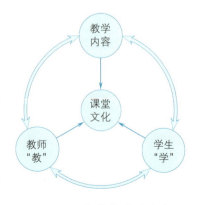

图 5-1　课堂教学的原本意义

据此，通常的数学课就是以数学内容为中介的教师"教"与学生"学"相统一的数学教育的实践活动，数学文化课就可以理解为以数学文化为中介的教师"教"与学生"学"相统一的数学教育的实践活动。众所周知，通常的数学课主要是指国家数学课程的具体实施，也就是依托数学教科书为课程内容的数学课。显然，基于数学就是一种文化这样一个广泛的意义来理解，通常的数学课就可以说是数学文化课，这在逻辑上没有矛盾。

如果对数学文化课的概念从特定的语词意义上去理解和界定，数学文化课就是特指充分彰显数学文化价值、充分发挥数学育人力量的数学课。通常，数学文化课的课程内容具有鲜明的数学文化特质，师生的教学过程充满生动的数学文化创造意蕴，诸如前文提及的把数学之源、数学之品、数学之用、数学之奇、数学之美、数学之谜等数学文化题材作为教学内容。而通常的数学课主要以显性的数学知识形态作为教学内容。这也就是特定意义的数学文化课与通常的数学课的区别所在。

那么，这是不是意味着通常的数学课就不是具有特定意义的数学文化课？进而，通常的数学课也就不能充分彰显数学的文化价值和充分发挥数学的育人力量？

依数学文化的内涵分析：显性的数学知识形态本身即隐性的数学文化形态。为此，通常的数学课，如果能够深入挖掘显性数学知识形态背后所蕴含的数学的精神形态，或有机融入数学的精神形态，那么通常的数学课的教学内容也就被赋予了鲜明的数学文化特质。从这个意义上说，一节所谓的普普通通的数学课也完全可以并应该塑造成数学文化课。

不仅如此，依教学论分析：课堂教学中的三个基本要素——学生、教师和课程内容之间是相互关联、有机作用的。具体来说，学生依托课程并在教师的科学组织调控下开展学习，教师基于学生的学习对课程进行设计并对学生的学习进行过程性调控，课程在教学活动中为教师和学生所共同理解并在师生那里建构新的意义。为此，系统地审视分析，无论是通常的数学课还是特定意义的数学文化课，符合教学基本规律的数学课堂，其教学活动的过程、方式和结果都蕴含一种"文化意趣"。从这个意义上说，无论是一节普普通通的数学课，还是一节特定意义的数学文化课，都应该尽力塑造出一种"文化意趣"！

那么，究竟什么样的数学教学和学习活动是充满着文化意趣的呢？苏联著名数学教育家A. A.斯托利亚尔明确指出，数学教学是数学思维活动的教学。教师不要教给死记的现成的材料，要给予发现数学真理的过程，让学生发现那些在科学上早已被发现的东西，像是被他第一次发现那样。荷兰著名数学教育家H.弗赖登塔尔也有鲜明主张，认为学生的数学学习是一个"再创造"过程。学生不是被动接受知识，而是在创造，把前人已经创造过的数学知识重新创造一遍（数学过程再现）。

或者换一种语境说，充满文化意趣的数学教学和学习活动，似乎不应该是"飞流直下三千尺""一江春水向东流"，而应该是"九曲黄河万里沙""一山放过一山拦"，是"独上高楼，望尽天涯路"，是"衣带渐宽终不悔，为伊消得人憔悴"，是"山重水复疑无路，柳暗花明又一村"，是"众里寻他千百度，蓦然回首，那人却在灯火阑珊处"。

总之，充满文化意趣的数学教学活动和学习活动，就是通过教师为学生提供富于挑战性的问题，并科学而艺术地进行组织调控，使学生经历一个完满的数学学习过程，最终让数学成为一种文化滋养流淌并浸润学生心灵深处。也就是，当学生初次面对数学知识或数学问题时，陷入一种深深的迷茫困惑与疑问——"这究竟是什么呢？怎么会是这个样子呢？"当经过艰难而痛苦的情感与思维"挣扎"之后，终表现出一种满满的充实兴奋之感，并感慨："啊！原来是这样！可不就是这样嘛！"

◇ 数学文化课的实践意义

21 世纪初，我国全面开展了新一轮基础教育课程改革。就数学课程改革来说，如果说 2001 年版《全日制义务教育数学课程标准（实验稿）》是新一轮基础教育数学课程改革的开端，那么《义务教育数学课程标准（2011 年版）》（简称"2011 年版课标"）则为深化数学课程改革提出了新的理念。而课程改革经历十余年之后的 2014 年，《教育部关于全面深化课程改革落实立德树人根本任务的意见》颁布，这是在新的历史时期我国基础教育课程改革的一个纲领性文件，尤其是为我国基础教育进一步深化课程改革提出了更为全面精准的新的方向、目标和任务。

1. 数学文化课是贯彻数学课程新理念的坚实支柱。2011 年版课标鲜明指出：数学是人类文化的重要组成部分；数学课程内容不仅包括数学的结果，也包括数学形成的过程和蕴含的数学思想方法等。尤其是课程标准明确提出以"基础知识、基本技能、基本思想、基本活动经验"为内涵的"四基"目标，以"运用数学的思维方式进行思考，增强发现和提出问题的能力、分析和解决问题的能力"为内涵的"两能"目标，以"了解数学的价值，提高学习数学的兴趣，增强学好数学的信心，养成良好的学习习惯，具有初步的创新意识和科学态度"为内涵的"情感态度"目标。

不难发现，2011 年版课标中的这些新阐述以及蕴含的新内涵，是在文化的意义下对数学教育的核心价值以及数学课程性质的高度概括和定位，这种新的定位赋予了数学课程内涵以强烈的"文化意蕴"和新的实践导向。而其中所提出的课程目标，是数学文化价值和育人价值的一种具体落实，无疑也为深化数学课程改革确立了明确的实践主题。为此，立足于充满育人力量、彰显文化价值的数学文化课，必将使数学课程的新理念得以切实有效地贯彻落实。

2. 数学文化课是落实立德树人根本任务的有力抓手。《教育部关于全面深化课程改革落实立德树人根本任务的意见》鲜明指出：要充分发挥课程在人才培养中的核心作用，全面深化课程改革，落实立德树人根本任务。并特别提出要强化学科育人功能，着力培养学生发展核心素养。对数学课程来说，究竟如何进一步深化改革呢？正如文件中所明确指出的，要"进一步提升数学、科学、技术等课程的育人价值"。无疑，彰显数学课程的育人价值理应成为深化数学课程改革的立足点和出发点。由是，彰显文化价值、充满育人力量的数学文化课也就理应成为深化数学课程改革的突破点和着力点。

3. 数学文化课是改善学生数学学习境遇的切实手段。审视当下我国中小学数学课堂，客观地说，许多教师也在尽力通过创设富有趣味的生活化情境激发学生数学学习的主动性，通过着力开展小组合作、交流探究调动学生数学学习的主体性。但数学究竟是什么？数学到底有什么用？数学的概念、原理、定理、公式、问题为何那么深奥晦涩和恼人？到底怎样才能学好数学？对不少学生来说，这些难以排解的困惑与问题潜伏于他们的数学学习中。而另一种境况是，依然有部分教师在数学课堂上坚守要追求数学知识的准确率和数学技能的熟练度，这样的课堂，难免使学生与数学存在一种庄严冷峻而遥不可及的心理与情感距离！

无疑，数学文化课可以让学生更深刻地认识数学的本质与价值，更有力地培植学生学习数学的积极兴趣和坚定信心，更有效地培育学生敏锐的问题解决意识、火热的好奇心、大胆的想象力和灵动的数学思维方式，更切实地培养学生科学的思维能力、问题解决能力及创新能力等。

★核心观点

◆ 数学文化课就是特指充分彰显数学文化价值、充分发挥数学育人力量的数学课。通常，数学文化课的课程内容具有鲜明的数学文化特质，师生的教学过程充满生动的数学文化创造意蕴。

◆ 一节所谓的普普通通的数学课也完全可以并应该被塑造成"数学文化课"。

◆ 在充满文化意趣的数学教学活动和学习活动中，教师会为学生提供富于挑战性的问题，并科学而艺术地进行组织调控，使学生经历一个完满的数学学习过程，最终让数学成为一种文化滋养流淌并浸润学生心灵深处。

◆ 数学文化课是贯彻数学课程新理念的坚实支柱，是落实立德树人根本任务的有力抓手，是改善学生数学学习境遇的切实手段。

◆ 数学文化课可以让学生更深刻地认识数学的本质与价值，更有力地培植学生学习数学的积极兴趣和坚定信心，更有效地培育学生敏锐的问题解决意识、火热的好奇心、大胆的想象力和灵动的数学思维方式，更切实地培养学生科学的思维能力、问题解决能力及创新能力等。

如何塑造高品质数学文化课
——立德树人的遵循

课堂教学当以立德树人为魂！高品质课堂"立足'彰显育人为本'的宗旨追求，基于让全体学生全面发展的基本立场，力图使课程的文化价值、教师的主导作用以及学生的主体地位在课堂教学活动中三位一体地协调作用，从而切实保证课程的育人功能、教师的育人作用以及学生的自主发展动能得以完满释放，最终实现高质量地促进每一个学生健康成长"（李铁安，2018b）[89]。

究其学理依据，高品质课堂坚守教育根本属性，符合课堂原本意义，彰显教学本体功能，遵循教学基本规律。究其价值追求，高品质课堂立足落实立德树人根本任务，旨在"育"全面发展健康成长的人。究其实践主张，高品质课堂针对课堂教学存在的突出问题，主张彰显课程育人价值，凸显学生主体地位，强化教师主导作用；强调要优化教学过程结构，活化学生学习方式，淡化教学模式流程。究其内在精神，高品质课堂追求学生的生命世界、教师的生命世界和课程的文化世界的高度融合。

高品质课堂必将蕴含也必须表达其鲜明的教育学旨趣与教学论立场——高品质课堂实践所追求的是教育立意与育人境界的高尚，是活动过程与活动机制的本真，是学习目标与学习过程的丰厚，是教学结构与学习方式的灵动。高尚是高品质课堂的第一要义，本真是高品质课堂的内在逻辑，丰厚是高品质课堂的实践取向，灵动是高品质课堂的操作原则。它们从不同的角度赋予了课堂教学中学生、教师以及课程这三个要素各自的功能体现以及这三个要素整体的功能发挥。也可以说，它们以不同的内涵旨趣共同支撑并回应着课堂教学的本质意义和根本宗旨。

◇ 高品质课堂的评价指标

　　课堂教学评价是对课堂教学的"育人质量"做出总体价值性判断。这里，"育人质量"的核心要义就是学生生命发展（健康成长）的成效和水平。课堂教学的"育人质量"就是指课堂教学在促进每个学生生命发展意义上的主动发展、全面发展、个性发展和终身发展等方面的成效和水平。基于此，课堂教学育人质量评价的基本维度包括：学生主体发展的核心指标，学生主体发展的成效和水平，影响学生主体发展的相关要素的育人功能与成效。具体对于高品质课堂来说，课堂教学评价就是对课程内容育人功能、教师育人功能以及学生主体发展动能进行整体性、发展性、动态性和综合性的评价。

　　1. 课程育人功能的彰显。从育人性来说，包括：①充分挖掘课程内容的学科本质，彰显学科文化价值；②有机融入习近平新时代中国特色社会主义思想、社会主义核心价值观、中华优秀传统文化、世界优秀文化等育人元素。从科学性来说，包括：①精准把握课程内容蕴含的核心问题，精准分解出子问题；②创设符合学科逻辑和学生认知规律的问题情境；③架构符合学科逻辑和学生认知规律的教学结构。从创新性来说，包括：①课程内容充分体现与学科内部知识、现实生活及其他学科知识的有机联系；②设计富有趣味性和挑战性的问题；③搭建富有创新性和层次性的问题结构。

　　2. 教师育人功能的彰显。从育人性来说：①牢固树立促进学生主动发展、全面发展、个性发展和终身发展的育人观念；②启发引导学生树立正确的学习观、成绩观、成长观和成才观；③真心善待每一个学生，尽心关爱弱势学生；④始终以崇高的理想信念、高尚的道德情操和高洁的行为志趣启迪感染学生，给学生做出示范；⑤勇于承认自己教学过程中的失误或错误。从科学性来说：①始终围绕问题展开教学，并基于问题解决采取适切的教学方式；②为学生提供充分思考、深入探究问题的机会；③启发引导学生应用科学的思维方式解决问题；④充分激发学生的创造性思维，鼓励学生的好奇心、想象力、大胆猜想和批判质疑；⑤让学生善于发现和提出问题；⑥让学生敢于在问题解决过程中尝试犯错误。从艺术性来说：①充满激情，对所教学科充满由衷的热爱；②能巧妙把控教学节奏，营造宽松和谐火热的课堂氛围；③对学生的评价及时准确，并富于亲和力和激励性；④积极正视并充分利用教学过程中生成的问题，让学生进行深层次探究。

3. 学生主体发展动能的彰显。第一是乐学：①饶有兴致地投入课堂学习活动，对所学内容和问题解决保有浓厚兴趣和强烈好奇心；②乐于表达自己的思考与观点，乐于与同伴交流研讨；③为取得哪怕是一点点微不足道的成就而备受鼓舞。第二是能学：①认真倾听教师提出的问题和同伴对问题的回答，认真倾听教师的启发与讲解；②对待学习一丝不苟，毫不厌倦，孜孜以求；③在学习落后时仍信心十足，毫不气馁，努力进取；④勇于在问题解决的困境中挣扎，勇于不断尝试破解困难问题。第三是会学：①善于独立思考；②善于不断地追问反思和批判质疑；③善于用科学的思维方式思考和解决问题；④善于从更高更深更广的角度思考和解决问题。第四是学会：①能系统深刻地掌握所学的知识、技能和思想方法；②能灵活应用学过的知识解决新问题；③能创造性地提出新问题或发现新规律；④能形成科学的学科观念，树立正确的世界观、人生观和价值观。

◇ 高品质数学文化课的基本特征

高品质数学文化课堂，关注究竟如何充分彰显数学的文化价值，究竟如何充分发挥数学的育人力量，从而最直接激活学生数学学习的动力，强有力改善学生数学学习的境遇，深层次提升学生的数学素养，根本性落实数学课堂的育人宗旨。之所以如此，源自在数学文化课堂中，数学课程的文化价值和教师教学的科学调控将直接作用于学生的数学学习过程，使学生对数学学习的火热情感、积极态度和灵动思维得以生长和张扬。高品质数学文化课需具备：课程内容充满文化意蕴，教师教学充满文化意趣，学生学习充满文化意境。

1. 课程内容充满文化意蕴。即：课程内容本身更为科学地融入数学的文化元素，更为深刻地反映数学的学科本质，更为全面地体现数学的核心素养，更为综合地融汇学科之外的知识；课程内容结构贯穿富于挑战性的、生动的、开放的、有趣的数学问题，问题之间的架构符合数学学科的内在逻辑和学生数学学习的认知逻辑等。

2. 教师教学充满文化意趣。即：教师始终围绕数学问题展开教学，并基于问题解决采取适切的教学方式；教师自觉关注全体学生，关注不同层次学生的学习状态；教师提出数学问题时，要充分尊重、调动和鼓励学生的情感与思维，给予学生足够的思考、探究和交流时间；教师充分关注学生数学学习过程中出现的认知问题，给予有针对性的引导与指导，并善于将学生提出的问题转化为新的学习资源。

3. 学生学习充满文化意境。即：学生对数学学习表现出积极浓厚的兴趣，对数学问题充满好奇和努力探究的欲望；学生认真倾听、积极应对教师提出的问题以及同学对问题的回答与解释，并善于表达自己的思考与观点，善于与同伴交流研讨；学生善于独立地思考问题，善于用数学化的思维方式思考和解决问题，善于从不同的角度思考问题，能够提出新的问题和想法，善于不断地追问与反思；全体学生在整个学习过程中经历完整丰满的问题解决过程，通过数学学习活动获得愉悦体验和充实收获。

高品质数学文化课究竟具有怎样的特征，还可以从另一个视角审视。高品质数学文化课堂至少应该是火热的课堂、丰厚的课堂、松弛的课堂、辽远的课堂。

火热的课堂是能够紧紧抓住学生心灵，从而激发学习激情和引发火热思考的课堂；丰厚的课堂是能够尽情启发学生思维，从而涵育思维能力和激活创造潜力的课堂；松弛的课堂是能够积极鼓励学生独立思考，从而包容大胆猜想和尊重问题生成的课堂；辽远的课堂是能够充分关注学生学习过程，从而关照长效发展和立足健康成长的课堂。

◇ 高品质数学文化课的实践策略

塑造高品质数学文化课，需要让课程内容"问题化"，让教师教学"人文化"，让学生学习"游戏化"。

1. 课程内容"问题化"——为学生提供精良的学习资源。课程内容"问题化"就是：深入挖掘（构造）蕴含于数学文化史料背后的数学知识与育人要素，并将其转化为能够直接促进学生数学学习的一系列问题，再将这些问题有逻辑地搭建为一个让学生经历问题解决全过程的学习结构。可以想见，数学文化史料"问题化"的过程，实质是用更具有学习诱因的问题驱动学生展开数学学习的过程，而在这一过程中，学生的情感、思维、态度与价值观等必将得到更加完满的激活与释放，这是让学生真正经历有意义的学习的过程。特别是当学生解决问题时，数学的观念、数学的思想方法等必将贯穿于整个过程。

事实上，数学文化史料"问题化"的过程是将数学文化的"史学形态"转化为"教育形态"的过程，是真正实现数学"文化价值"转向"育人价值"的内在价值突破。而从教学论的视角分析，数学文化史料"问题化"的过程，首先是将"静态的课程结构""解构"为"动态的问题材料"，再将"问题材料""重构"为"逻辑化的教学结构"。而当教师依托教学结构展开教学时，对学生来说，就是经历了对"逻辑化的教学结构"进行新的认知"建构"的过程，这个环节也就真正实现了有意义的学习。课程内容"问题化"是彰显数学文化课育人功能的灵魂与命脉。（见图 6-1 ）

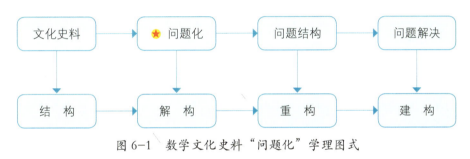

图 6-1　数学文化史料"问题化"学理图式

2. 教师教学"人文化"——为学生创设精致的学习氛围。教师教学"人文化"就是：教师首先要充满激情地尽情展现并陶醉于对数学教学所保有的一份虔诚情怀，让学生受到数学学习的美妙与有趣的感染；教师要真心善待每一个学生，尽心关爱弱势学生，并勇于承认自己教学过程中的失误或错误；教师要充分激发并鼓励学生的好奇心、想象力、大胆猜想、批判质疑和无尽追问，给予学生足够的思考、探究和交流时间，竭力让学生经历完满的问题解决过程；教师要充分尊重并保护每一位学生独特的想法，既要热情鼓励学生的奇思妙想，也要包容学生的胡思乱想；教师要充分关注并珍视学生数学学习过程中出现的认知问题，给予有针对性的引导与指导，并善于将学生提出的问题转化为新的学习资源；教师不要轻易告诉学生解决问题的明确目标，要让学生在问题解决的过程中尝试犯错误并"挣扎前行"。

概而言之，教师教学的"人文化"所呈现的境界和追求的目标是——教师饶有兴致地天真着学生的天真，追问着学生的追问，迷茫着学生的迷茫，兴奋着学生的兴奋，从而让学生也在饶有兴致地经历数学化的历程中，热情地体验数学，享受数学，再创造数学。

3. 学生学习"游戏化"——让学生经历精妙的学习过程。学生学习"游戏化"就是：学生能够以充满强烈的好奇心、浓烈的兴趣和"玩一玩"数学的姿态对待数学学习。即：面对数学问题，油然生发强劲的追问和自信——这究竟是什么？为什么会是那样？我就不信我解不出来！我一定要把它解决！无疑，这是一种充满张力的学习，这也正是一种内心涌动的对数学文化的原创精神，这其实就是数学家的数学创造精神的曼妙体现！

学生学习"游戏化"所呈现的境界和追求的目标是——让学生乐于"非常规思维"，从而放飞学生的好奇心；让学生善于"发散性思维"，从而激发学生的想象力；让学生甘于自主发现和提出问题，从而调动学生的内驱力；让学生敢于置身问题解决的困境，从而培育学生的耐挫力。事实上，学生学习的"游戏化"必将使学生对数学学习表现出积极浓厚的兴趣，对数学问题充满强烈好奇和努力探究的欲望；必将使学生能够认真倾听、积极应对教师提出的问题以及同学对问题的回答与解释，并善于表达自己的思考与观点，善于与同伴交流研讨；必将使学生善于独立地思考问题，善于用数学化的思维方式思考和解决问题，善于从不同的角度思考问题，能够提出新的问题和想法，善于不断地追问与反思；必将使学生经历完整丰满的问题解决过程，通过数学学习活动获得愉悦体验和充实收获。

毋庸赘言，课程内容"问题化"和教师教学"人文化"是最终使学生学习达成"游戏化"的前提和保证！

★ 核心观点

♦ 高品质数学文化课堂，关注究竟如何充分彰显数学的文化价值，究竟如何充分发挥数学的育人力量，从而最直接激活学生数学学习的动力，强有力地改善学生数学学习的境遇，深层次提升学生的数学素养，根本性落实数学课堂的育人宗旨。

♦ 高品质数学文化课：课程内容充满文化意蕴，教师教学充满文化意趣，学生学习充满文化意境。

♦ 高品质数学文化课堂应是火热的课堂、丰厚的课堂、松弛的课堂、辽远的课堂。

♦ 塑造高品质数学文化课，要使：课程内容"问题化"，教师教学"人文化"，学生学习"游戏化"。

课程内容"问题化"——为学生提供精良的学习资源。

教师教学"人文化"——为学生创设精致的学习氛围。

学生学习"游戏化"——让学生经历精妙的学习过程。

课程内容"问题化"和教师教学"人文化"是最终使学生学习达成"游戏化"的前提和保证！

数学文化课

——案例解析

高品质数学文化课彰显的核心理念和突出特征是"育人为本·文化领航·问题驱动·思想贯穿·生活融入"。即以彰显立德树人为宗旨追求，以凸显文化意义为实践导向，以数学问题解决为目标驱动，以数学思想渗透为内容统摄，以现实生活融入为实践路径。

　　以彰显立德树人为宗旨追求——课堂教学要充分发挥课程的育人价值，充分发挥教师的育人功能，充分激发学生的主体动能。

　　以凸显文化意义为实践导向——课堂教学要充分挖掘数学的学科本质和文化内涵，要立足文化的高度和意义的追寻展开育人活动。

　　以数学问题解决为目标驱动——课堂教学要全程式展开问题，即以问题解决为主线，将发现问题、提出问题、分析问题、解决问题贯穿教学全过程。

　　以数学思想渗透为内容统摄——课堂教学要全方位渗透数学思想，即以数学思想为核心，在问题解决的每一个环节和过程中充分渗透数学思想，使学生经历数学地"想"的丰富历程。

　　以现实生活融入为实践路径——课堂教学要全景式建立数学与现实生活的关联，即以现实情境为载体，让学生通过对现实情境的数学建构，深刻理解和灵活运用数学。

　　这里选取的10个案例，从价值取向上说，立足彰显数学的文化魅力和育人价值。从内容题材上说，既有数学史中的经典史料，如中华九宫图、完全数、哥尼斯堡七桥问题、少年高斯速算的故事；也有源自对现实生活题材的深度提炼，如关于微信信息真伪的判断、蜂房的几何结构、五角星中的数学等；还有基于引发儿童好奇心的数学游戏，如一圆三线的创意构图、迷人的数字花园、坐标方格里的数学规律等。从案例的结构特征上说，都是以"育人为本·文化领航·问题驱动·思想贯穿·生活融入"为基本架构；从育人目标追求上说，这样的课堂，所追求的是让学生在数学化历程中热情体验数学、享受数学和再创造数学，是让学生诗意地栖息于一片文化境界之中！

放飞诗性智慧

——一圆三线的创意世界 ①

 课堂感悟

完全出乎意料！孩子们在创作中展现了那么多我们成年人根本做不到的奇思妙想。这样的数学文化课在培养孩子们的创造力和想象力方面真是大有可为，而且他们也表现出难得的自信心和火热的激情。

——执教教师　于红娟

老师，你没有看见——我用一圆三线一共设计了 16 个图案呢！我觉得我还可以设计出更多的图案！

——三年级学生　芦　今

---

① 此课例作为"数学课堂如何落实立德树人"的精品创新课，在中国教育电视台 2020 年课堂直播栏目《同上一堂课·名师课堂》上展播；也曾多次针对小学三至六年级学生做过教学实验，普遍赢得学生的喜爱；并曾在连续两届由中国数学会数学史分会主办的"数学文化进课堂国际论坛"上做观摩展示，赢得国内外数学教育专家以及广大观摩教师的一致好评。课程设计：李铁安；执教教师：于红娟，辽宁省大连经济技术开发区红星海国际学校（北京十一学校大连实验学校）高级教师，大连市小学数学骨干教师。本课适用于小学一至六年级。

　　童心是最清澈而富有诗意的！小学数学课堂则可以为激发儿童的诗性智慧插上雄健的翅膀。对此，"一圆三线的创意世界"这节课可以部分回应这个问题。这节课的主要任务是让学生利用一个圆和三条直线构造出有实际意义的图案，而且越多越好，越新越好，越美越好。从数学的视角审视，这里蕴含了让学生通过对一个圆和三条直线进行组合，体会直线与圆之间可以构造出不同的位置关系，从而培养学生的空间观念、几何直观。而本节课所追求的更高层次的教学目标是：通过调动儿童已有的生活经验和激发儿童的好奇心、想象力、审美直觉以及创新意识，让儿童创造更多新奇、有审美味道的图案形态，并赋予图案以实际意义，从而激发儿童的诗性智慧，培养儿童的抽象思维和形象思维，培育儿童的创造力。

📖 教学过程

环节一：初识问题，激趣感知

（教师呈现一幅海平面上太阳喷薄而出的图片，并问学生看到了什么。）

生1：这是日出的景色。

师：是啊！这就是海上日出的壮观景色。看！满天的红云，辽阔的大海，这一轮红彤彤的太阳喷薄而升，多像朝气蓬勃的你们啊！再仔细观察，从这幅图中你能发现哪些数学元素？

生2：我发现图中的太阳是一个圆，海面是一条直直的线。

师：对！这里有一个圆，还有一条直直的线。那么假如你们看到了这个图案（出示抽象图，见下页图），是不是会想到旭日东升的画面呢？闭上眼睛想象一下，想象到了吧？

师：今天，我们就来做一个有趣的创意构图活动——用基本的几何图形来构造出具有实际意义的图案。首先，我们用一个圆和两条直直的线来构造有实际意义的图案。

师：看，这是什么？（见下图）

生3：这是一个甜甜的冰激凌。

师：确实像个冰激凌，还有其他想法吗？

生4：我觉得是火炬。

师：是啊！也很像。再看，猜一猜这个是什么。（见下图）

生5：这像一块切开的饼。

生6：老师，我看像切开的西瓜。

生7：我觉得是禁止停车的标志！

师：同样一个图案，孩子们，你们想到了这么多事物，真好！

环节二：思考设计，分享创造

1.初次创作

师：刚刚我们欣赏了用一个圆和两条直线构造出的图案。下面请同学们试着自己用一个圆和三条直线构造图案，注意，你的图案在你的眼里和心里都要有实际意义。

师：（布置任务）先想，想好后把你创造的图案画在纸上，画完后可以和小组的同学分享一下你的创意，也可以让小组的同学猜猜你画的是什么。

（学生独立尝试创作，小组内交流后，在全班分享展示自己的作品图案，并介绍自己设计的是什么。）

2. 再次创作

师：受小伙伴们创意的启发，我猜你们又有了新的灵感。那就再次拿起笔把你的新想法画下来吧！

（学生在互相交流的基础上再次创作，并进行交流。）

环节三：分类探究，构图反思

师：看，用简单的圆形和直线就可以构造出如此丰富的、有意义的图案。这些作品真让人大开眼界，我要情不自禁地为你们的创造力点赞！

师：这是同学们构造的图案中的一部分，仔细观察这些图案，你能给它们分分类吗？有了想法之后可以和同伴讨论一下。（见下图）

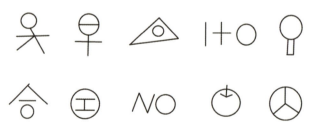

生1：算式、汉字、英文都属于文字一类，所以我把1+0、合、早、NO 这四个放在一起为一类；奔驰车标志、工商银行标志为一类，因为它们都是标志；剩下的为一类，因为它们都是生活中的人或者物品。（见下页图）

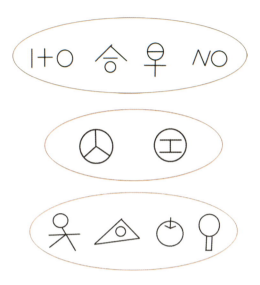

师： 分类标准表达得很清晰。还有不同的想法吗？

生2： 我把奔驰车标志、工商银行标志分为一类，因为它们的三条线都在圆的里面。（见下图）

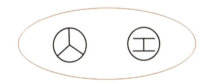

师： 如果按照"三条线都在圆的里面是一类"这样的标准来分类，大家猜猜看，他会继续把剩下的图案怎么分类？

生3： 剩下的可以是"三条线不都在圆的里面"这一类，也可以是"三条线都在圆的外面"和"三条线有的在圆的里面，有的在圆的外面"这两类。

师： 真好啊！如果按照这位同学说的第二种方式分，大家可以怎么分？

生4：1+0、NO、合、乒乓球拍、小火柴人、三角板它们 6 个一类，是"三条线都在圆的外面"这类。剩下的两个图案一类，是"三条线有的在圆的里面，有的在圆的外面"这类。（见下图）

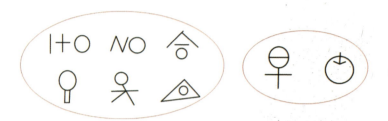

师：我们不仅可以根据图案表示的内容进行分类，还可以根据图案的组合方式，也就是线和圆的位置关系进行分类。事实上，只要制定出了分类标准，按照不同的标准就可以有不同的分类。

环节四：几何抽象，延展领悟

师：老师还搜集了一些由一个圆和三条线创造的图案，我们一起来欣赏一下吧。

师：看，这是什么？（见下图）

生1：这是一棵小树和一个太阳！

师：对呀！再看这个呢？（见下页图）

生 2: 是一个正在踢腿的小朋友。

师: 嗯，是正在展示中国功夫的威武少年吧。大家猜猜这是什么。（见下图）

生 3: 跷跷板。

生 4: 我猜画的是地球。

生 5: 我知道这是一位数学家说的一句很有名的话：给我一个支点，我就能撬起地球！

师: 跷跷板、地球，都很好！当然，"给我一个支点，我就能撬起地球！"为这个图案赋予了绝妙意义！真是太绝妙啦！这句话就是古希腊伟大的数学家阿基米德说的！

师: 孩子们接着看。（见下图）

生 6: 这是用箭射气球的游戏吧！

师：确实是一支箭，但作者表达的是一个故事——后羿射日！这是什么？（见下图）

生7：这幅图案应该是日出吧，不过这是大山里的日出。

师：日出！很形象。不过作者说——这是日落西山。似乎更形象！下一个。（见下图）

生8：这个图案像是一个水龙头在滴水。

师：是呀，正在滴水呢，滴滴答答，看来是没有关紧水龙头。这样可不行，我们一定要节约用水啊！你看，多有寓意的想法呀！再看！（见下图）

生9：这看起来像是一个扎着羊角辫的小姑娘。

师：哦！小作者画的是陪伴她度过快乐童年的小小拨浪鼓。那我们就认为这是一个扎着羊角辫的小姑娘手里拿着一个小小拨浪鼓吧。这个呢？（见下页图）

生 10：这是一个乐器吧！

生 11：我知道，我还见过呢，这是一个民族乐器。

师：再看！（见下图）

生 12：这是一辆厉害的装甲坦克，画得可真形象啊！

师：对。下一个。（见下图）

生 13：这是一只小蜗牛。

师：是呀，一只爬行的小蜗牛。再看。（见下图）

生 14：我看这像是一颗危险的炸弹，上面的导火线一点火，就可以爆炸。

生 15：我猜是一个椰子，插上吸管，马上就可以喝了。

师：这两种猜测反差太大了！而小作者介绍说——这个图案代表的是休闲时光，是可以坐下来喝上一杯饮料的休闲时光！再看。（见下图）

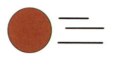

生 16：这是一个太阳吧。

生 17：嗯，旁边的可能是云彩。

师：想象得很好！但小作者画的是一个正在空中飞行的球。这个呢？（见下图）

生 18：球进门了！

师：进球了！多么激动人心的时刻呀！这个呢？（见下图）

生 19：没有踢进去呀！

师：嗯，太遗憾了！接着看这些，你也可以猜猜这些图案表示的是

什么。（见下图）

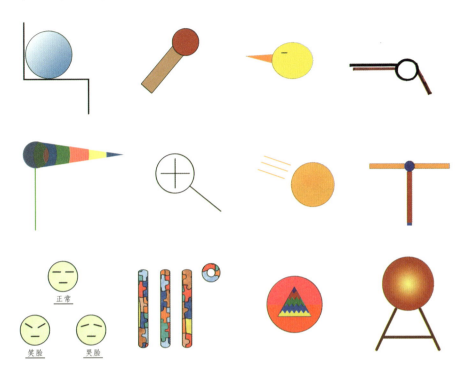

师：猜到了吗？它们分别是台阶上的球、温暖世界的小火柴、睡觉的小鸡、左轮手枪、捉蜻蜓的网、放大的按钮、流星、竹蜻蜓、表情包、111°、火车钥匙孔、大鼓。

师：这些图案有趣吗？图案设计得有趣，名字取得更有趣！课下你们也可以继续尝试创造出更多有趣的图案。孩子们，你们还可以尝试用两个圆形和三条直线或者一个圆形和四条直线创造出有实际意义的图案。

师：同学们，刚才我们创作了这么多图案，有文字、标识、物品，其实这是在用几何图形来描绘我们的大千世界，而且你们还能用诗一般的语言描述出它们的意义。我真是特别欣赏你们的想象力和创造力！愿亲爱的同学们在今后的数学学习中，都永远保有这样的好奇心、想象力和创造力！

⬆ 育人意蕴

这是一节充分激发和放飞儿童诗性智慧的数学文化课——概而言之，这节课的课程内容充满诗韵，教师教学充满诗情，儿童学习充满诗意。

本节课的核心问题是"将一个圆与三条直线组合构造有实际意义的图案"。根据核心问题，本节课富有逻辑地设计了四个学习任务：用一个圆形和两条直线组合图案，并定义图案的实际意义；用一个圆和三条直线组合图案，并定义图案的实际意义；将组合出的图案进行分类；根据给出的图案定义其实际意义。这四个学习任务承载着深刻的育人功能。

第一个任务和第二个任务是同一类问题。从学生"构造图案"的角度审视，第一个任务更容易快速地构造出来，第二个任务则为构图提供了多种组合可能。而从"构造图案"之后再"定义图案的意义"的过程审视，学生总要调动自己的生活经验或展开灵动的想象，而且通常是"构造图案"和"定义图案的意义"并行启动，交互刺激，互为生成，这个过程往往也伴随着漫无边际的胡思乱想。可以想见，学生在"构造图案"和"定义图案的意义"时，或者经历"抽象—形象—抽象"的思维过程，或者经历"形象—抽象—形象"的思维过程。这些过程不仅使学生经历了形象思维与抽象思维的"转译"与"融通"，而且必将激发和调动学生的好奇心、想象力、审美直觉和创新意识等，无疑，这也正是培育学生创造力的有效路径和有力抓手。

第三个任务是让学生将组合出的图案进行分类，显然这是在培养学生的抽象思维。由于组合出的图案形状、种类杂乱无章，对图案赋予的实际意义五花八门，这就给学生对这些图案进行分类创设了一个问题情境。事实上，学生确定分类标准时也恰恰从"图案意义"和"图案形状"这两个角度考量，这本身就增强了抽象的层次性；而当学生从"图案形状"的角度考量来进行分类时，必将从几何的视角对圆与直线的位置关系进行二次分类，无疑，这一过程自然承载了对学生空间观念和几何直观的培养。

第四个任务是根据给出的图案定义其实际意义，但由于那些图案本身已经预设了实际意义，所以学生在完成这个任务时，自己给出的定义往往与预设的定义不同，这又恰恰为激发学生的想象与抽象思维提供了广阔空间。而且在这个过程中，学生再一次经历"抽象—形象—抽象"或者"形象—抽象—形象"的思维过程，无疑，完成这个任务又可以进一步培育学生的创造力。

课堂实践证明，正是这四个任务为学生搭建了一个极具趣味性、开放性和游戏化的令人饶有兴致的问题系统，学生在沉浸于这个问题系统的过程中被激发出强烈的好奇心、想象力、审美直觉和创新意识，也经历了对抽象思维和形象思维（这本身就是数学化思维方式的直接体现）的有力塑造。如果站在学科彰显立德树人的高度审视，这节课深具独特的育人意蕴。

首先，学生对几何图案进行"意义建构"的过程蕴含了隽永的哲学意义。其中，对于同一个图案可以赋予不同的实际意义，这向学生传递了一个颇具启发意义的隐喻——面对同一个事物，要善于从不同的立场和视角去审视；而对几何图案进行"意义建构"的过程，则无疑是让学生自觉养成凡事要善于"追问意义"的意识和习惯，事实上"追问意义"对于生活在这个极其复杂多变和价值多元的时代里的每一个人来说都显得尤为重要。

其次，在这节课里，每一个充满童心童趣的儿童都构造出许许多多成年人很难想象得到的新颖奇特的图案，并且还能用诗一般天真优美的语言描述出它们的意义。可以说，那些图案以及对图案所赋予的实际意义，正是每个儿童以其各自独有的诗性智慧所描绘出的饱含儿童真善美心灵的生活世界、梦想家园和精神港湾。而这幅缤纷盛景又传递了一种饱含正能量的声音，并转化为鼓舞每个儿童的宣言：你也精彩，我也精彩，我们每个人都精彩——我们"每个人都了不起"！

　　难能可贵的是，整节课，教师始终以饱含"人文化教学"的情怀为儿童创设了一个"诗性化学习"的文化氛围。教师不仅热情鼓励学生的奇思妙想，也真诚包容学生的胡思乱想；教师时而天真着学生的天真，时而追问着学生的追问，时而迷茫着学生的迷茫，时而兴奋着学生的兴奋。正因为如此，才让学生经历了一个饶有兴致、意犹未尽的学习过程，也才使学生的诗性智慧得以自由驰骋和纵情绽放。

培育理性精神

——从一条微信消息的真伪判断说起 [①]

 课堂感悟

　　充分挖掘数学的神奇和美妙，创设精巧的数学问题，在和孩子们共同发现、探究、解决问题的过程中，享受学数学、做数学、玩数学的乐趣。就如同编织一张数学课程之网，网住更多孩子们的"心"，从而让他们收获更多数学的"渔"——这个过程很幸福！

——执教教师　孔　玥

　　妈妈，你一定没上过今天这样的数学课！

——三年级学生　严子睿

　　这是一个知识和信息可以无限爆炸的时代，这也是一个时时处处事事人人都可以生产信息和创意并使之弥漫的世界。如果说"辨识真伪"是当下以至未来世界给每个人设置的一道"必答题"，那么以理性精神

---

① 该课例获得中国数学会数学史分会主办的全国中小学"数学文化进课堂"优秀案例评选活动一等奖。课程设计：李铁安；执教教师：孔玥，辽宁省大连经济技术开发区红梅小学高级教师，辽宁省小学数学骨干教师。本课适用于小学四至六年级。

去辨识真伪或许是正确解答这道必答题的锐利武器。而对于那些天真好奇的儿童来说，培育他们以理性精神去辨识真伪的意识和素养就显得更为必要而迫切！

　　本节课源自一条在微信上广泛传播的消息："2020 年 5 月是个不寻常的月份，这个月份中有 5 个星期五、5 个星期六、5 个星期日。这种情况需要 823 年才能再次出现。这种月份被认为是'钱币之月'。如果把这条消息发送给包括我在内的 8 位好朋友，4 天以后就会有钱币上的收获。"消息内容炫而又炫，玄而又玄。事实上，通过数学的逻辑推理和推演，就可以判断此消息的真伪。本节课就是对这条微信消息进行课程化的设计，使之成为对学生进行理性精神塑造的一个难得的课程资源。可以说，这是一节别开生面的数学文化课。

🎯 教学过程

环节一：头脑风暴，引出问题——初步感受日历中规律之丰富

　　师：同学们，我们先来一场头脑风暴。看，这是今年 3 月的日历。从中你知道了什么？发现了什么？说得越多越好。（见下图）

2020 年 3 月						
一	二	三	四	五	六	日
						1
2	3	4	5	6	7	8
9	10	11	12	13	14	15
16	17	18	19	20	21	22
23	24	25	26	27	28	29
30	31					

生1: 今年的 3 月有 31 天。

生2: 3 月 1 日是星期日。

生3: 3 月 2 日是星期一, 3 月 3 日是星期二, 3 月 4 日是星期三……。像这样看下去, 7 天一个星期, 3 月的最后一天 3 月 31 日是星期二。

生4: 我知道 3 月 12 日是植树节, 这一天是星期四。

生5: 同学们, 你们横着看, 3 月 2 日到 8 日是一个星期, 9 日到 15 日是一个星期, 16 日到 22 日是一个星期, 23 日到 29 日是一个星期, 3 月一共有 4 个星期, 还余 3 天: 3 月 1 日、3 月 30 日和 3 月 31 日。

师: 是的。大家接着想, 3 月 30 日、31 日和 4 月的哪几天合为一个星期呢?

生6: 是 4 月 1 日—5 日。

师: 真不错。大家继续说。

生7: 我竖着观察, 发现 3 月份里有 5 个星期日、5 个星期一、5 个星期二, 星期三、星期四、星期五、星期六都有 4 个。

环节二: 探索发现, 辨别真伪——深入探究感受规律的意义价值

师: 同学们从 3 月的日历里发现了不少信息。下面, 一起来看看老师微信收到的这条消息:

> 2020 年 5 月是个不寻常的月份, 这个月份中有 5 个星期五、5 个星期六、5 个星期日。这种情况需要 823 年才能再次出现。这种月份被认为是"钱币之月"。如果把这条消息发送给包括我在内的 8 位好朋友, 4 天以后就会有钱币上的收获。

师：你怎么看这条消息？

生1：我觉得这是迷信，不可信。

生2：我想知道5月到底是不是有5个星期五、5个星期六、5个星期日。还有这种情况真的是要等823年才能再次出现吗？

师：你很会提问题！下面，我们就先来看看5月里到底有没有5个星期五、5个星期六、5个星期日。你们来试着填一填，找一找。（见下图）

2020 年 5 月						
一	二	三	四	五	六	日
				1		

（日历只给出5月1日是星期五，教师让学生接着把5月日历填完整，并巡视指导。）

师：结果怎么样？

生3：真的是5个星期五、5个星期六、5个星期日！

师：看来，这条消息讲的是真的了。让我们一起转发这条消息，来期待"钱币之月"带来的好运吧！（停顿片刻，等待学生的思考判断。）

生4：我觉得这条消息还有问题，难道一个月份里有5个星期五、5个星期六、5个星期日，就一定会带来钱币的收获？这和钱币有什么关系呢？我想这一定是有的人想让我们多发微信，故意这样说的。

生5：我还想知道这种情况真的要823年后才能再次出现吗？

师：不轻信，敢质疑，非常好！是啊，这种现象出现的可能性真的那么小吗？下面，我们就来试一试，看看其他月份会不会也在一个月里出现5个星期五、5个星期六、5个星期日。

（小组合作学习，教师巡视指导。）

师：哪个小组来汇报？

生6：我们小组四人分工把一个月的第一天分别写在星期日、星期一、星期二、星期三的位置，然后按照一个月有31天往下填，结果都没出现5个星期五、5个星期六、5个星期日。

师：那你们填出的日历是什么情况？

生6：我把第一天写在星期日的位置，填完了发现这个月有5个星期日、5个星期一、5个星期二；我同桌把第一天写在星期一的位置，得到的是5个星期一、5个星期二、5个星期三；我后面的同学把第一天定为星期二，出现了5个星期二、5个星期三、5个星期四；我们剩下的一名组员把第一天填在星期三的位置，出现的是5个星期三、5个星期四、5个星期五。我们还想把第一天填在星期四、星期五和星期六来试一试，可惜时间到了，没完成。

师：你汇报得非常清楚。你们组按顺序尝试的方法也非常好。那有没有哪个小组把第一天填在星期四、星期五或星期六的位置呢？

生7：我们组做了。我们把第一天填在星期四和星期六的位置，也没有出现5个星期五、5个星期六和5个星期日。但是，把第一天放在星期五的位置，就出现了5个星期五、5个星期六、5个星期日。

师：看来，经过我们验证，只有一种情况可能出现"钱币之月"——就是大月，而且第一天得是星期五。大家想想，这是为什么呢？

生8：如果是小月，到30日为止，就只有5个星期五、5个星期六，不会有 5 个星期日了。

生 9：算也能算出来。你们看，大月有 31 天，一个星期有 7 天，31 除以 7，商 4 余 3。商 4 说明这个月里有 4 个整星期。这样从星期一到星期日都会各有 4 天。剩余的 3 天，就说明肯定有 3 个星期几是 5 天的。如果零散的 3 天正好是星期五、星期六和星期日，那就是 5 个星期五、5 个星期六、5 个星期日了。但如果是小月，30 天，除以 7 后，余数是 2，就只能有 2 个星期几是 5 天了，就一定不会出现所谓的"钱币之月"。

师：你分析得井井有条！原来通过计算也能说明这个问题！因此，要出现所谓的"钱币之月"，必须是在大月，这个月的第一天还得是星期五。那么，同时具备这两个条件的可能性有多大呢？真的需要我们等待 823 年才能再遇上一次吗？（故作玄虚地停顿。）

师：其实，人们已经推算出来了。你们看，2021 年的 10 月份就会出现 5 个星期五、5 个星期六、5 个星期日。（见下图）我们并不需要等 800 多年那么久！同学们，你们现在想说点什么？

生 10：原来"钱币之月"的说法是个谎言，幸好我们没上当啊。

生 11：我要告诉妈妈这条微信消息的真相，不要让她被骗。

生 12：数学真有用，可以帮我们判断真假。

师：是的，数学是一门严谨的科学，它容不得半粒沙子。

环节三：拓展运用，迁移推算——活化规律的应用，延伸数学思考

师：刚才，同学们在辨别微信消息真伪的过程中，对日历中星期的分布规律有了更多的认识和发现。下面，我们再来挑战一组有趣的日历问题：

①今年 5 月有 5 个星期五、5 个星期六和 5 个星期日，那么今年 6 月会有几个星期六呢？

②根据今年 5 月的日历，你知道今年 4 月 20 日是星期几吗？

③某年 12 月 20 日是星期日，那么这一年的 12 月一共有几个星期日呢？

（学生自主选择题目和学习伙伴，合作完成，然后汇报交流，交流过程略。）

师：同学们已经能够灵活运用日历中的规律游刃有余地解决问题了。关于日历中的数学问题，你还有什么想说的或想问的？

生 1：我才发现原来日历中有这么多数学奥秘呀！

生 2：我知道了为什么有的月有 3 个星期几是 5 天的，有的月只有 2 个星期几是 5 天的。我还想到如果是 2 月，平年 2 月有 28 天，闰年 2 月有 29 天，情况又会不同了。

师：你想得真全面。

生 3：我会根据一个日期是星期几，推算出另一个日期是星期几了。

生 4：我还想知道一年里星期是怎么排列的。

生5：我想探究在 2021 年之后，还有哪一年的 10 月也有 5 个星期五、5 个星期六和 5 个星期日。

☁ 育人意蕴

这是一个培育学生理性精神的典型案例。

首先，教师充分挖掘了微信消息内容中蕴含的数学抽象、逻辑推理等育人价值，以及借助理性思考明辨是非的人文内涵，为学生提供了一个充满文化魅力的数学学习题材。本节课的核心问题大致是：

对消息中关于 2020 年 5 月有 5 个星期五、5 个星期六、5 个星期日，823 年后才能再次出现这种情况的说法，你怎么看？

围绕核心问题，教师精心设计子问题，搭建了既循着学生认知规律螺旋而上又符合数学内在规律的问题结构，为学生追根溯源、思维攀升巧妙引路。具体子问题的逻辑路径是[①]：

1. 从 2020 年 3 月的日历中你知道了什么？发现了什么？

2. 2020 年 5 月到底是不是有 5 个星期五、5 个星期六、5 个星期日？

3. 这种情况真的要 823 年后才能再次出现吗？

4. 这样的月份有什么特征？

5. 如何看待这样的消息？

6. 如何解决日期、星期前后推算的问题？

7. 关于日历中的数学问题，你还有什么想说的或想问的？

问题 1 是激趣式引入与铺垫，旨在激发调动学生对日历中相关数学信息的观察和发现，培养学生的数学眼光和直觉意识。问题 2—5 的探究直接指向要解决的核心问题。问题 2 是基于数据做出直观的判断，旨

---

① 为方便阅读，同前面教学实录相比，问题可能调整表述，但实质不变。后同。

在培养学生数据分析的意识与能力；问题 3 的适时追问，旨在培养学生的质疑精神和反思能力；问题 4 蕴含了数学运算、数学建模、数据分析、逻辑推理与抽象的思想，启发学生产生对数学问题以更高阶的思维进行抽象建模的数学观念，旨在引导学生善于透过现象抽取本质，培养学生高度抽象的思维能力和数学建模能力；问题 5 再次追问，旨在培养学生借助理性思维做出判断的意识和能力。问题 6 和 7 蕴含着数学问题解决中思维的迁移和拓展，也蕴含了数学运算、数据分析、逻辑推理与抽象的思想，旨在引导学生从不同的角度审视问题并开拓问题解决的路径，提升学生进行数学问题解决的创造性思维。纵观本课问题解决的过程，在逻辑架构和解决路径探究中，教师巧妙地将抽象、推理、转化、对应、分类等数学思想融入其中，并且巧妙地将数学抽象、数学建模、逻辑推理、数学运算和数据分析等数学思维方式植入并贯穿在学生的问题解决过程中，不露痕迹又事半功倍地引领学生经历了一场提升数学理性思维能力的文化之旅。

再细细品味课堂中教师对学生的评价语，语言简练但很有激励性和启发性。如"不轻信，敢质疑，非常好！是啊，这种现象出现的可能性真的那么小吗？""你汇报得非常清楚。你们组按顺序尝试的方法也非常好。""是的，数学是一门严谨的科学，它容不得半粒沙子。"这些充满爱的鼓励，营造了一种安全、愉悦、互相尊重、互相欣赏的课堂文化氛围，使学生兴趣浓厚地沉浸在问题解决的探究过程中，更有利于学生全情投入地思考，迸发创造性思维，这种隐性的文化的力量也是很宝贵的。

总而言之，本节课教师将"淘"到的一份课程资源用得淋漓尽致，让学生在环环相扣、层层递进的问题探究过程中，经历有趣的、有用的、有力的数学思考过程，这也正是他们的理性思维不断走向深入的过程。而此课例中，学生不仅积累了一定的数学思想和数学活动经验，而且提升了问题解决能力和创造性思维能力。

随着问题被逐一解决，这条微信消息的真相也浮出水面，学生是多么享受这个通过自己独立思考、合作探究而辨其真伪的数学学习过程啊！数学之美与数学之真，不仅于有形处，更幻化于无形处，这便是思维的力量。学生理性精神的塑造，正是教师引领学生享受数学独特文化魅力的过程。

闪耀中华古老文化的智慧之光
——九宫图中的数学奥秘 [1]

 课堂感悟

　　九宫图原来能够带给学生这么多！我一边赞叹学生的精彩，一边感叹九宫图的美妙，它让学生深切地感受到了数学内在的美妙与神奇，也点燃了学生对后续研究的热情和信心。

——执教教师　王向征

　　这样的学习让我发现，原来九宫图里藏着这么多奥秘，揭开一个还有一个。我还想再研究研究，它里面到底还藏着多少奥秘？

——六年级学生　邱德赛

　　彰显数学的神奇魅力和文化价值，充分发挥数学深刻而独特的育人力量，这是数学文化进课堂的宗旨追求。"让学生更深刻地认识数学的本质与价值，更有力地培植学生数学学习的积极兴趣和坚定信心，更有

---

① 此课例作为"数学课堂如何立德树人"的精品创新课，曾在中国教育电视台 2020 年课堂直播栏目《同上一堂课·名师课堂》上展播。课程设计：李铁安；执教教师：王向征，清华大学附属中学上地小学高级教师，北京市小学数学骨干教师。本课适用于小学四至六年级。

效地培育学生敏锐的问题解决意识、强烈的好奇心、大胆的想象力和灵动的数学思维方式，更切实地培养学生的科学思维能力、问题解决能力及创新能力等"（李铁安，2018c）[12]，这是数学文化进课堂的总体目标。而究竟如何将静态的数学知识转化为动态的问题，如何架设基于问题解决的教学内容结构，如何让学生经历完满而深刻的问题解决过程，如何在问题解决的过程中有机融入数学思想与数学核心素养，就体现在数学文化进课堂的实践策略中。

众所周知，"九宫图"源自代表中华远古文化观念和文明成果的"洛书"。洛书中排列着1—9这九个数，蕴藏着"横行、纵列、对角线上数字之和都等于15"这一神奇的数学规律。因此，九宫图进入中小学数学课堂并不是"为文化而文化"的"炫酷"与"作秀"。当然，如果拘泥并沉醉于在数学课堂上通过这个题材突出中华古老文化的博大精深，也降低了它在数学上独有的育人意蕴；如果过分热衷于在有多少种填法上做文章，以致深陷于如何引经据典地展示出"二四为肩，六八为足，左三右七，戴九履一，五居中央"的口诀并让学生牢记，也将错失让学生探究其中的数学算理的契机，落入过分追逐工具性技巧的浅尝辄止。事实上，类似这样简单的处理，不仅将一个原本奇妙的经典数学文化题材变得平淡无味、乏善可陈，也在很大程度上错失了一次让学生发现数学、热爱数学、欣赏数学和创造数学的良机。而如果以"探究九宫图中的数学奥秘"为主题开展教学，则可以彰显其蕴含的美妙的数学之美和文化价值，从而发挥其育人力量。

教学过程

环节一：确定中心格对应的数——初识审美直觉之趣

师：请将1、2、3、4、5、6、7、8、9这九个自然数填到九宫图中（见下图），保证每一横行、纵行、对角线上的三个数之和都等于15。如何填呢？

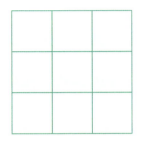

师：请同学们先认真想一想，再动笔试一试。大家开始探索一下吧！

师：我们一起来看一看同学们是如何填的。

生1：我以前填过九宫图，而且填对了，但是今天怎么都填不对。

生2：我填对了，但我是碰巧填出的。怎么能保证每次都填对呢？我猜这里面会不会有什么秘密？

师：是的！这里面确实藏着不少奥秘。下面我们一起来深入分析一下九宫图。

师：请同学们仔细观察这幅图，凭直觉——注意！就是凭直觉，你认为我们应该最先填哪个格呢？

生3：我觉得应该先填中间的那个格，因为它很关键。横行、竖行和两条对角线都经过这个格，要知道了它是几，问题就好解决了。

生4：我也认为应该先填中间格。我觉得中间格应该填5。因为5在1—9这九个数的中间位置，应该把中间数放在中间格里。

生5：我也觉得中间应该填5，因为5在这九个数的中间，剩下的八个数正好两个一对都能凑成10，这样加上中间数5，和正好等于15。

师：这个想法好！5在九个数的中间，其余八个数刚好可以两两一组分成四组，而且每组都可以凑成10，再加上中间数5，刚好是15。很精彩的发现。

生6：我发现图中的格子也有特点，以中间格为中心，上下、左右、两条对角线上正好需要填四组数。这样数和格子就可以对应起来了。

师：真好！这个想法太富有灵性了！这正是九宫格和九个数之间相对应的一种内在和谐！

环节二：分类探索格与数的特征——再探数格对应之妙

师：现在还剩下八个格和八个数，究竟该如何填呢？我们先不着急填，再认真观察一下这幅图。（见下图）上看下看，甚至还可以在大脑中以中间格为中心把它旋转着想一想：这八个格和八个数又有怎样的特征和联系呢？请同学们再认真探究一下。

1、2、3、4、6、7、8、9

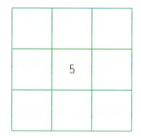

师：九宫图中除中间格之外的其余八个格有什么特征？我们一起来

听听同学们的发现。

生1：我发现我们让这个图绕着中心点旋转 90°，旋转后四个角上的格子还在四个角上，四条腰上的格还在四条腰上。

生2：我觉得四个角上的格子很关键，因为它和横行、纵行、对角线上的算式都有关系。四个角上的数要参与三次运算，四条腰上的数要参与两次运算，所以我发现这八个格子应该是不同的两类。

师：他们发现这八个格子可以分成不同的两类。四个角处的方格是一类，而四条腰处的方格是另一类。如果我们以中间格为中心旋转一下，就会发现四个角上的方格位置好像没有变（还在角上），四条腰上的方格位置也没有变。所以他们认为它们可以看成不同的两类。这个发现实在是很有价值！

师：这些同学的发现，对你们有没有新的启发呢？除 5 以外的其余八个数有什么特征呢？

生3：我受他们的启发，觉得也可以对数进行分类。数可以分成奇数一类、偶数一类。

生4：我明白了，如果把数分成两类，就和九宫图中的格的分类数一样了，接下来就可以把数和格进行一一对应了。

师：你们的思考实在是既非常灵动又非常严谨，这完全出乎我的意料！我甚至为低估了你们这美妙的数学化的思考而暗自责备自己呢！但我真的非常开心！

师：那接下来如何填呢？究竟哪类数要对应地填入哪类方格呢？

生5：我想要么把奇数放在四个角的方格里，剩下的偶数填在腰处的方格里，要么把偶数填在四个角处的方格里，奇数填在腰处的方格里。

师：思路已经非常清晰！那同学们就试一试吧。

师：我们一起来看看大家填出了怎样的结果，又有什么新发现。

生6：我觉得把四个奇数放在四个角的位置是不对的，因为我试了好多种方法，都有一些行或列不能凑成15。

生7：我觉得把四个偶数放在四个角的位置是对的，而且我试了几种不同的填法也是这样的。（见下图）

1	2	9
4	5	8
7	6	3

2	9	4
7	5	3
6	1	8

师：他们认为四个偶数可以填在四个角处的方格里，而四个奇数却不可以。为什么把1、3、7、9这四个奇数分别填入四个角处的方格里就不行呢？你们能分析出背后的原因吗？

生8：如果把1、3、7、9这四个奇数分别填入四个角处的方格里，那就必须把2、4、6、8这四个偶数分别填入四条腰处的方格里。这样一来，在上下左右的四条边上的数就分别是奇数、偶数、奇数，它们的和一定是偶数。而题目中的和15是个奇数，这就相矛盾了。

师：说得太好了！这个方法太巧妙了！这位同学通过分析数的奇偶性发现了背后的原因，清楚地解释了为什么奇数不可能放在四个角处的方格里。严谨的推理！无可挑剔！

师：到这里，大家是不是都可以顺利地找到答案了？

师：那现在，我们回过头再来思考最初的一个问题。最初我们是凭直觉确定中间格应该填5。但是，假如有同学问：如果我没有这么好的直觉，我应该怎样确定中间格到底填几呢？

环节三：严谨推理探究算理——深析数格对应之美

师：怎样确定 5 一定是在中间格呢？我们能否从运算角度再来分析一下这个问题？让我们再次回到图和数中去寻找答案，看看还隐藏着什么秘密没有被发现。

生 1：如果按照每一横行、纵行、对角线上的数之和都等于 15 这个要求填算式，我数了一下九宫图里一共有三横行、三纵行，还有两条对角线，一共需要考虑填八个算式。

生 2：我还发现不同位置的数参与运算的次数是不同的。比如，中间方格上的数参与四次运算，四个角上的数参与三次运算，四条腰处的数参与两次运算。

师：这是很重要的发现！其他组还有不同的发现吗？

生 3：我们组列出了所有符合题目要求的算式，发现一共只有这八个，正好和图中需要的算式个数是一致的。其中 5 参与四次运算，每个偶数都参与三次运算，除 5 以外的四个奇数分别参与两次运算。

$$1+9+5=15 \qquad 2+8+5=15 \qquad 3+7+5=15 \qquad 4+6+5=15$$

$$2+6+7=15 \qquad 2+4+9=15 \qquad 4+8+3=15 \qquad 6+8+1=15$$

师：如果我们联系起来看这些发现，又说明了什么呢？

生 4：我明白了，这说明 5 一定要在中间格！因为只有中间格要参与四次运算；四个偶数一定要分别填入四个角的方格里，因为四个角上的数要参与三次运算；其余四个奇数一定要填入四条腰处的方格里，只有它们参与了两次运算。（见下页图）

2	9	4
7	5	3
6	1	8

生5：这太巧合了吧！图中需要考虑填八个算式，正好就有八个算式；不同位置上的数需要参加几次运算，算式中的数就相应出现了几次。

师：是啊！真是很奇妙，很美好！每个数都有它相应的位置，看来5确实应该在中间格里。

师：大家看，我们面对这个问题，一方面分析九宫图中不同位置方格里的数需要参与的运算次数，另一方面分析运算组合中各数出现的运算次数，巧妙地将数与形联系在一起，很自然地找到了填数的方法。我们通过对条件的整体分析和严谨的推理成功地解决了这个问题。

环节四：抽取结构揭示本质——追溯数格对应之源

师：我们能否再从几何的视角审视九宫图的特征呢？观察这幅图，你有什么新发现？（见下图）

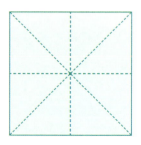

生1：这个米字格是轴对称图形，也是中心对称图形；有四条对称轴，四条对称轴的交点是对称中心。

生2：这个图形里一共有九个交点，中间的一点是四条线的交点，四个顶点分别是三条线的交点，四个中点分别是两条线的交点，正好和这个位置的数的运算次数是一致的。

师：大家的发现非常好！那么让我们重新回到问题本身，假如在最初解决问题的时候，你能够发现并抽取出九宫图的结构特点，那么是不是可以很自然地找到填数的办法呢？其实在这里，图形的对称性与数的对称性蕴含了一种内在和谐。这正是九宫图在数学上的奥妙和迷人之处！

师：其实这个九宫图是有深远的历史渊源的。中国古典文献中记载：上古时期大禹治水时，发现一只巨大神龟出现于洛水，背上有九种花点图案，分别代表1—9这九个数，按"二四为肩，六八为足，左三右七，戴九履一，五居中央"而排列，而三行、三列以及两对角线上各数之和均为15，世人称之为洛书，又叫九宫图。（见下图）九宫图是中华传统文化的经典内容。我们可以自豪地说：九宫图中的数学奥秘闪耀着中华文化的智慧之光！

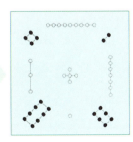

4	9	2
3	5	7
8	1	6

师：通过今天的学习你有怎样的收获？又有什么新问题呢？

生3：我发现1—9这九个数和九宫图中那九个格之间有着神奇的关系，真是不可思议，却又特别美妙！

生 4：开始我觉得填九宫图很容易，但是后来发现自己就是试出来的。其实应该先观察，找到图的特征，然后弄明白每一个问题。

生 5：我想图中每行、每列、每条对角线上的三个数之和只能是 15 吗？

生 6：我还想知道，如果只是要求每行、每列、每条对角线上三个数的和都相等，不用这个九个数，其他数可以吗？

师：同学们所谈的收获和所提的问题都很有价值！请你们课下继续研究这些问题，相信你们一定还会有更精彩的发现，也会更深一步体会到九宫图中蕴含的奥秘与神奇！

🔵 育人意蕴

这是数学课堂究竟如何彰显中华优秀传统文化的典型案例。

细细品味这个教学实施过程，教师充分挖掘出九宫图蕴含的深刻的数学算理，以及内在的审美意趣，为学生提供了一个充满文化魅力的数学学习题材。由此，教师设计了一系列充满趣味并富于挑战性的问题，搭建了符合数学内在规律和学生认知规律的问题结构。

核心问题是：

请将 1、2、3、4、5、6、7、8、9 这九个自然数填到九宫图中，保证每一横行、纵行、对角线上的三个数之和都等于 15。如何填呢？

子问题的逻辑路径是：

1. 凭直觉，你认为我们应该最先填哪个格呢？

2. 九宫图中除中间格之外的其余八个格有什么特征？

3.（1—9 这九个数字中）除 5 以外的其余八个数有什么特征呢？

4. 究竟哪类数要对应地填入哪类方格呢？

5. 为什么把 1、3、7、9 这四个奇数分别填入四个角处的方格里就不行呢？

6.如果从数学运算的角度分析，怎样确定 5 一定是在中间格呢？

7.能否再从几何的视角审视九宫图的特征呢？

不难发现，前四个问题的探究直接指向要解决的核心问题。第一个问题蕴含着数学内在的对称观念，旨在激发、调动和培养学生的数学直觉意识和审美判断力；第二个问题和第三个问题蕴含着分类与抽象的思想，旨在启发、培养学生的数学抽象思维能力；第四个问题蕴含着对应和推理的思想，旨在培养学生的理性思维和逻辑推理能力。

第五个问题蕴含着逻辑推理，旨在启发、引导学生深层次地对问题进行追问和判断；第六个问题蕴含着问题解决过程中思维的严格性，也蕴含了数学运算、数学建模、数据分析以及逻辑推理，旨在激发、引导学生从不同的角度审视问题并开拓问题解决的路径；第七个问题则蕴含了对数学问题以更高阶的思维进行抽象建模的数学观念，旨在启发引导学生要善于打破思维常规，善于透过现象抽取本质，培养学生的抽象思维能力和数学建模能力，提升学生进行数学问题解决的创造性思维水平。

从整体审视，在这七个问题的逻辑架构和解决过程中，教师巧妙地将数学思想融入学生的问题解决过程，比如抽象、转化、分类、对应、推理（包括逻辑推理与合情推理）的思想等。与此同时，也巧妙地将数学抽象、逻辑推理、数学建模、数学运算、直观想象和数据分析等数学思维方式融入并贯穿其中。

在教学实施过程中，教师充分展示了对学生的尊重、欣赏与鼓舞，尤其是恰如其分地展现了对发现数学内在之美和解决数学问题的思维之美的愉悦享受之感。比如，当学生发现九宫图的格子也有特点、数和格子可以对应起来时，教师格外兴奋地赞叹："真好！这个想法太富有灵性了！这正是九宫格和九个数之间相对应的一种内在和谐！"无疑，这对激发和促进学生的学习与探究会起到意味深长的鼓舞和感召作用。当学生发现按照整数的奇偶性得出 1、3、7、9 这四个奇数是一类，2、4、6、8 这四个偶数是一类的时候，教师兴奋地赞叹："你们的思考实在是既非常灵动又非常严谨，这完全出乎我的意料！我甚至为低估了你们这美妙的数学化的思考而暗自责备自己呢！但我真的非常开心！"

归结起来，本节课教师为学生提供了一种神奇的、美妙的、迷人的、有趣的、有用的和有力的数学，并通过设置一浪逐一浪的问题让学生始终沉浸于问题解决过程中。尤其是教师总是充分激发学生的探究欲望，不急于告诉学生问题解决的思路和答案，让学生饶有兴致地在问题解决过程中"挣扎"前行。可以想见，伴随问题的逐一解决，学生不仅享受到中华古老文化中的数学之美，也发展了自身数学思维的高度，强化了数学思维的张力，积累了丰富的数学思想和数学活动经验，提升了问题解决能力和创造性思维能力。无疑，这样的教学设计是竭力"让课程内容充满文化意蕴，让教师教学充满文化意趣，让学生学习充满文化意境"（李铁安，2018a）的。这才是彰显了数学文化价值和育人力量的高品质数学课堂！

穿透心灵的数学之美

——五角星的数学奥秘 [①]

 课堂感悟

　　五角星让我们一起兴奋着、迷茫着、感动着；它更激发了学生对数学的好奇心与探究欲，提升了学生的思维能力，培养了学生的审美情感和敬畏之心，真正让数学的神奇激发了儿童的好奇。这一切不正是数学文化课的魅力所在吗？

——执教教师　王晓娟

　　下课了，我对五角星形的兴趣丝毫没有减退。五角星是生活中常见的图形，但我从未仔细想过它为什么这么美。这节奇妙、有趣的五角星探索课令我受益匪浅。

——六年级学生　曹石川

① 此课例作为"数学课堂如何立德树人"的精品创新课，曾在中国教育电视台 2020 年课堂直播栏目《同上一堂课·名师课堂》上展播。课程设计：李铁安；执教教师：王晓娟，北京市海淀区定慧里小学高级教师，海淀区小学数学学科带头人。本课适用于小学五、六年级。

　　诚如英国著名数学家和哲学家罗素所由衷感叹的："数学不仅拥有真，而且拥有崇高非凡的美，一种屹立不摇的美；极其纯净，能够臻于一种不可撼动的极致，就如同只有最伟大的艺术才能呈现的那样。"数学是人类伟大而独特的文化创造——数学的崇高与非凡之美在于它总是以简约精致、对称和谐、对立统一的形式结构，深刻揭示宇宙大自然和人类生活的奥秘与规律。而数学中许多经典的几何图形和数学公式，更潜含着妙不可言的真理光辉和美不胜收的无穷魅力。

　　在数学史和人类文化史中，五角星是一个极其古老而又神秘神奇的几何图形，也是一个深受人类尊崇而又神妙神圣的几何图形。5000 余年前，美索不达米亚文明的文献里发现的"西方最早的五角星"与中华史前文化遗址——良渚文化遗址出土的一件陶盘底部刻有的"中国最早的五角星"交相辉映；古希腊毕达哥拉斯学派用五角星作为他们的徽章标志；中国古代五行关系也架构出一个五角星模型；全球有 50 余个国家的国旗上有五角星图案；用五角星来表达精神追求和文化品位的标志符号更是数不胜数。想来似乎没有哪一个几何图形能够像五角星那样被人们如此青睐并赋予意味深长的象征意义；似乎也难以想象，假如没有五角星，世界将会怎样失色，人类将会怎样失落。何以如此？或许，正是五角星那独有的"屹立不摇的美"和纯净的臻于"不可撼动的极致"，给人们带来难以抗拒的钟爱与敬畏——那是一种穿透人类心灵的数学之美！

　　虽然五角星不是中小学数学课程中的必学内容，但因其极具丰满的数学内涵、厚重的数学文化和宝贵的育人价值，恰可作为优质的数学文化育人课程资源来进行教学。而探索五角星的数学奥秘，感悟五角星的文化韵味，彰显五角星的育人意蕴，岂不是一节妙不可言的数学文化课？不无遗憾的是，五角星这个数学文化题材并没有得到广大教师的关注和青睐，或是因缺少相关的教学设计和案例而敬而远之？从这个意义上说，"五角星的数学奥秘"这节课且做一个抛砖引玉的实践探索吧。

🔲 教学过程

环节一：说五角星——体会意义

师：同学们，让我们看看这些图形，你们一定都认识吧？三角形、正方形、五角星、正六边形、圆。（见下图）这么多漂亮、有特点的图形，你们喜欢哪个呢？为什么？

生 1：我喜欢三角形，因为它是坚固的图形。

生 2：我喜欢正方形，因为它美观、平整、方正，就如老师教育我们的要做堂堂正正的人。

生 3：我喜欢圆，因为它与其他图形不同，是曲边图形，而且使用圆做的物品，很圆润，不伤手。

生 4：我还喜欢五角星，因为它就像夜空中闪烁的金星，照亮夜行人的路。

生 5：我喜欢正六边形，因为它很好看，是一个轴对称图形，每一条边都相等。还有，因为它可以经过分割得到很多图形，如三角形、梯形、长方形。

师：同学们都有自己喜欢的图形，你们想不想知道老师喜欢哪个图形？三角形、正方形还是圆？其实，这些图形我都喜欢！但我最喜欢的还是——五角星！为什么呢？

师：一看到或者想到五角星，就会唤起我对它神圣的崇拜！我会想到解放军叔叔头顶上的帽徽！我会想到电影《闪闪的红星》里指引少年英雄潘冬子去战斗的那颗红五星！最激动人心的当然是永远高高飘扬的五星红旗，我们的中华人民共和国国旗！

环节二：画五角星——感知结构

师：这么神圣的五角星，我们怎样画一画呢？

生1：画五角星特别简单，我可以一笔画出来。我发现五角星有五个顶点，连起来就是五边形。当然，我画的不是正五角星，如果是正五角星，五边形的每条边应该一样长。

师：太好了！一笔就画出了五角星。那怎样才能画出正五角星呢？

生2：我可以借助圆画出正五边形，连接正五边形不相连的两个点，就可以画出正五角星了。（见下图）

师：哦！很好啊！但你那五个点是怎样确定的呢？

生2：我是用量角器将圆心角平均分成五等份，这些角的边和圆的交点也就正好将圆周五等分了。

生3：我还发现正五角星中间也是一个正五边形呢，那我们是不是也可以通过正五边形在外面画出五角星呢？

师：是啊！还可以利用正五边形的延长边在它的外面画出五角星

呢!(见下图)

师:刚刚我们结合经验画出了五角星,还发现借助正五边形,从内、外都可以画出五角星,想想看,我们是不是就可以借助正五边形画出很多很多的五角星啊?

环节三:玩五角星——体悟美妙

师:五角星很有特点,也特别美!那么五角星究竟美在哪里呢?

生1:我觉得五角星中五个三角形都一样,而且中心和外围都是正五边形,有一种均衡的美。

师:你发现了五角星均衡的美!(见下图)

生2:通过对折,我们还可以发现五角星有五条对称轴,五条对称轴的交点就是五角星的中心点。它是一个轴对称图形,所以很美。(见下页图)

生3：我还发现如果五角星沿着中心旋转，可以完全重合。通过测量，我还知道五角星绕中心旋转72°就能重合了！（见下图）

师：同学们，听了你们的发现，我们知道了五角星有均衡的美、轴对称的美，还有旋转不变的美。五角星真的是太美了！更美妙的是，这么美的五角星还藏着很多数学奥秘呢！

环节四：探五角星——发现特征

活动1：五角星中角的奥秘

师：刚刚同学们发现五角星的五个角都一样大，那么五角星每个顶角的度数究竟是多少呢？能不能算出来？我们好好想一想。

（学生独立思考一段时间。）

生1：我可以先计算五角星中间的那个正五边形的内角度数，再通过三角形内角和公式计算顶角度数。我想这是可行的！

师：好啊，那说一说吧！

生2：我算出来了。正五边形的内角和是540°，因为每个角都相等，就可以用 $540°$ 除以 5，得到每个角是 $108°$；再用 $180°$ 减 $108°$，就可以得到三角形底角是 $72°$。

生 3：哇！我明白了！接下来就可以利用三角形内角和 $180°$ 减去两个 $72°$，算出五角星的顶角是 $36°$ 了。（见下图）

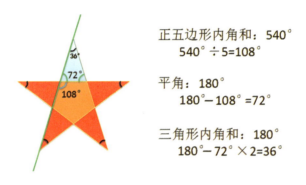

正五边形内角和：$540°$
$540° \div 5 = 108°$

平角：$180°$
$180° - 108° = 72°$

三角形内角和：$180°$
$180° - 72° \times 2 = 36°$

师：为什么是减去两个 $72°$ 呢？

生 4：因为是等腰三角形，所以两个底角相等，都是 $72°$。

师：非常好！那么还有没有其他途径计算呢？（给学生一点时间之后）让我们认真观察下面这三幅图，它们会带给我们怎样的启发呢？

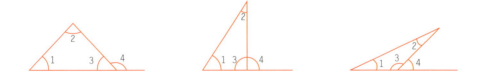

生 5：我想到了！是这样，因为 $\angle 2 + \angle 4 + \angle 8 = 180°$，$\angle 7 + \angle 8 = 180°$，所以，$\angle 2 + \angle 4 = \angle 7$；同样的方法也可推出，$\angle 3 + \angle 5 = \angle 6$。另外，$\angle 1 + \angle 6 + \angle 7 = 180°$；所以，$\angle 1 + \angle 2 + \angle 3 + \angle 4 + \angle 5 = 180°$，那一个角的度数就是 $180° \div 5 = 36°$ 了。（见下页图）

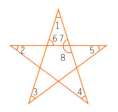

师：真好！是不是还有同学没太领会？那让我们一起再利用这种方法推导计算一下吧！

师：根据三角形一个外角等于与它不相邻的两个内角和，我们可以找到∠2+∠4=∠10，∠1+∠3=∠9。再来看看，又能发现什么？（见下图）

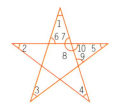

生6：哦，我发现了！∠10+∠9+∠5＝180°！又因为∠10＝∠2+∠4，∠9＝∠1+∠3，也就是，∠1+∠2+∠3+∠4+∠5＝180°。因为这五个角相等，所以每个顶角就是36°！

师：是啊！果然是这样吧！这个方法很巧妙。

师：我们通过观察、猜测、测量、计算、证明，运用我们学过的知识，从不同的角度思考，找到了五角星每个顶角的度数36°。你们知道吗，顶角是36°、两个底角都是72°的三角形，叫作黄金三角形，它既美观又标准。

生7：我发现对黄金三角形平分底角后，得到的还是黄金三角形呢。

生8：不仅得到了黄金三角形，里面还有五角星呢。

师：是吗？让我们一起找找看，利用黄金三角形平分底角的方法，可以得到很多黄金三角形，还能找到很多五角星。五角星中有黄金三角形，利用黄金三角形也可以得到五角星，是不是特别神奇，特别有意思啊！（见下图）

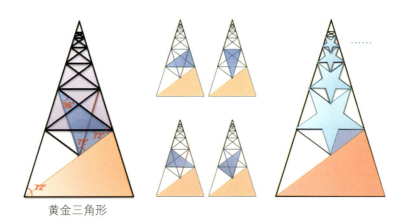

黄金三角形

活动 2：五角星中线段的奥秘

师：我们先来看看五角星中有哪些线段。大家可以找一找。

生 1：我找到的线段有 AF、BF、BI、FH（见下图）。

生 2：我还发现，像 AF、BF、BH 这样的线段有 10 条，而且都相等。

生 3：我发现，五角星中其实有 4 种长度的线段，比如最短的就像是 FI 这样的，依次还有 BF、BI 这样的，最长的是 BE 这样的。

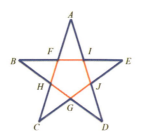

师：哦！你们发现了五角星中四种长度的线段，太好了！那么这四种长度的线段之间有怎样的关系呢？让我们量一量、算一算吧！把你的发现记录在学习单上。（见下图）

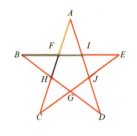

学习单

活动提示：

（1）请测量线段 BF、BI、BE、FI 的长度；

（2）计算线段 FI 与 BF、线段 BF 与 BI、BE 的比值，你发现了什么？

生4：通过测量与计算，我发现 $BF : BI \approx 0.605$，$FI : BF \approx 0.615$，$BI : BE \approx 0.632$。

生5：我计算的结果是 $FI : BF \approx 0.583$，$BF : BI \approx 0.615$，$BI : BE \approx 0.609$。

生6：我发现虽然我们的结果不一样，但是都接近0.6。（见下图）

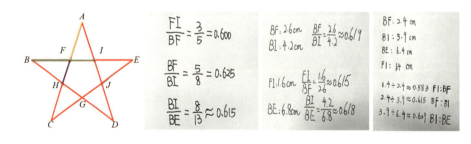

师：虽然因为测量，计算出现了误差，但结果都在0.6左右。其实正五角星中找到的这四种长度的线段，它们从小到大，相邻的两个长度的比值都近似是0.618呢！

师：这一近似的比值0.618是一个神奇的数字，人们把这一数值叫作黄金分割比。这个比例被公认为最能引起美感的比例，因此叫作黄金分割比。

师：刚刚我们发现这一组比值近似是 0.618，那么还有哪些线段的比值也近似等于 0.618 呢？（见下图）

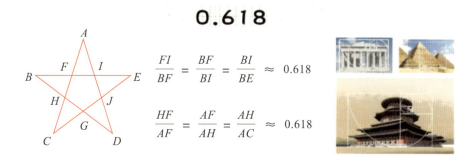

$$\frac{FI}{BF} = \frac{BF}{BI} = \frac{BI}{BE} \approx 0.618$$

$$\frac{HF}{AF} = \frac{AF}{AH} = \frac{AH}{AC} \approx 0.618$$

师：黄金分割比具有严格的比例性、艺术性、和谐性，蕴藏着丰富的美学价值，因此在建筑、绘画、音乐等领域都有不可忽视的作用。五角星中满是"黄金"啊！

环节五：赏五角星——提升认识

师：五角星可谓自然的娇子和人类的宠儿。就让我们一起来欣赏一下吧！（见下图及下页图）

海星

茑萝

良渚文化遗址中陶盘上的五角星　三星堆出土的太阳轮　中国古代五行关系模型

师：正是因为五角星具有神奇、神妙和神圣的数学之美，将五角星作为表达精神追求和文化品位的标志符号的更是数不胜数。可以毫不过分地说，似乎没有其他任何一个几何图形能够像五角星那样被人们如此青睐并赋予意味深长的象征意义。在上课开始时，就有同学说过喜欢五角星。现在你们可以再说一说对五角星的感受。

生1：我现在回想一下，其实我自己特别喜欢五角星，比如在读书时，有时要标注重点内容，我就常常顺手画一个五角星。

生2：我感觉有时看到五角星之后，即使视线离开了，五角星也总会在脑海里闪烁呢！

生3：我知道世界上有许多国家的国旗上有五角星，比如中国、美国、朝鲜、越南等。

生4：非洲许多国家的国旗上也有五角星。还有巴西、新西兰等的国旗上也有。

生5：我们中国的国旗上就有五颗五角星。

生6：是啊！那五颗五角星格外庄严夺目。

生7：在国际体育比赛时，每当看到五星红旗高高升起，我就无比激动和自豪！

师：是啊！五星红旗是中华人民共和国国旗。如果说五角星是神圣的，那么五星红旗更是神圣的！亲爱的同学们，你们要努力做新时代社会主义的建设者和接班人！你们要让象征中华人民共和国的五星红旗永远在心中飘扬！

师：今天我们初步探究了五角星的数学奥秘，感受到五角星神奇、神妙、神圣的数学之美。关于五角星，还有更多的数学奥秘等待我们去深入探究。就让我们在享受五角星的数学之美中，唤起对宇宙大自然和人类真善美的敬畏之心吧！

🔵 育人意蕴

这是一节因饱含"数学趣味"并贯穿"文化韵味"而深具"育人意味"的数学文化课。

这节课的育人目标是让学生深入探究五角星的数学奥秘，深切感受五角星的神奇美妙，从而激发学生对数学的好奇心和探究欲，提升学生的问题解决能力和数学思维能力，并在潜移默化中培养学生的审美情感和敬畏之心。

事实上，五角星被探究出来的数学奥秘越是丰富清晰，它所蕴含的数学之美和文化韵味就越能浸润学生的心灵。五角星中蕴含丰富的数学内涵，其中，均衡对称的几何结构、顶角和底角的特殊度数、各类线段之间的特殊比例关系，是揭示和解释五角星数学之美的关键要素。为此，本节课富有逻辑地设计了五个环节：说五角星——体会意义；画五角星——感知结构；玩五角星——体悟美妙；探五角星——发现特征；赏五角星——提升认识。这五个环节各自蕴含独特的育人功能，又内在形成一个相互呼应、促进学生思维与情感提升的逻辑结构。

第一个环节是让学生在各具独特审美意义的正三角形、正方形、五角星、正六边形和圆等经典几何图形中选择自己喜欢的图形，并对喜欢的理由赋予意义。这个任务情境可以直接启发学生的审美意识，激发学生的审美直觉，引发学生饶有兴致地展开对各个图形的审美感知。学生经历的正是一个通过形象感知和参照比较做出判断，再通过抽象归纳进行意义建构的过程，这一过程强烈地调动了学生的形象思维和抽象思维。

第二个环节的核心问题是探究五角星的几何结构。解决这个问题的过程是让学生借助五等分圆心角，进而五等分圆周，构造出标准的正五边形。这个过程不仅将五角星嵌入一个更完满的图形体系，而且使五角星的几何结构得以更加直观系统地呈现出来。尤其是借助正五边形，从内、外两个空间方向上都可以画出标准的五角星，这为学生探索、发现五角星的数学之美奠定了必要的思维对象和认知情境基础。

第三个环节的核心问题是探究五角星的均衡与对称之美。事实上，依托五角星的几何结构，学生可以更加清晰而敏锐地感知五角星的均衡性和对称性特征——学生兴奋地发现：五个角显然都相等！五角星应该是有五条对称轴的！五条对称轴的交点就是五角星的中心！五角星绕中心旋转 $72°$ 就能重合呢！不仅如此，在探究五角星的均衡与对称之美的过程中，学生的空间观念、审美直觉和逻辑推理等数学素养得到了深刻历练。

第四个环节的核心问题是探索五角星顶角的度数和五角星中各类不同线段之间的比例关系。这也是本节课学生数学活动的重点环节。学生综合运用求正五边形内角度数和外角度数公式、三角形内角和公式、三角形外角与不相邻内角的关系公式等推导、计算五角星的顶角以及底角度数，这是一个完满的问题解决过程，既有严密的计算，也有严谨的逻辑推理。而学生通过计算五角星中各类线段之间的比例关系，发现了黄金分割比 0.618，这里蕴含了直观、抽象、分类、计算、数据分析、数学建模和逻辑推理等丰富的数学活动经验。可以说，这是培养学生问题解决能力和数学思维能力的关键环节。

第五个环节的核心问题是提升五角星审美认知与体验的境界。通过欣赏五角星，学生惊叹：原来五角星具有如此别样的文化韵味。学生领悟：正是五角星神奇、神妙和神圣的数学之美，使人类对它赋予了意味深长的象征意义。特别是在本节课的开始，教师谈到五角星时曾倾情感叹："最激动人心的当然是永远高高飘扬的五星红旗，我们的中华人民共和国国旗！"而在课的结尾，教师又一次深情表达："如果说五角星是神圣的，那么五星红旗更是神圣的！亲爱的同学们，……你们要让象征中华人民共和国的五星红旗永远在心中飘扬！"这样的感叹与表达，难道不会激发起学生的敬畏之心？对五角星的敬畏之心，对数学的敬畏之心，更是对伟大祖国的敬畏之心！

彰显数学发现的魅力
——奇妙的完全数 [①]

 课堂感悟

　　数学文化课上，学生经历发现规律—大胆猜想—进行验证后，"啊?!"脱口而出。这个猜想的过程，是学生诗性智慧的尽情绽放，也是理性思维的通透洗礼。奇妙的完全数，让我和学生一起享受了40分钟的神奇之旅，感性与理性并存！

——执教教师　毛海岩

　　我对"完全数"简直是充满了好奇和疑问。真没想到，完全数少得可怜！真没想到，每一个完全数的真因数相加居然还能等于它自己！这种奇妙的性质让我感受到了数学的奥妙，还想继续探究数学的秘密，还想上这么有趣的数学课！

——五年级学生　郑涵之

[①] 此课例作为"数学课堂如何立德树人"的精品创新课，曾在中国教育电视台2020年课堂直播栏目《同上一堂课·名师课堂》上展播。课程设计：李铁安；执教教师：毛海岩，北京市海淀区民族小学数学教师。本课适用于小学四至六年级。

完全数（也称完美数）是数学史上一个既古老神秘又美妙迷人的问题。所谓完全数，是指某自然数的所有真因子之和恰好等于这个数本身。如：6 的真因子有 1、2、3，1+2+3 刚好等于 6，6 是最小的完全数。前 八 个 完 全 数 依 次 是：6、28、496、8128、33550336、8589869056、137438691328、2305843008139952128。完全数是自然数中非常稀少的一类数，古希腊毕达哥拉斯学派最早发现了前四个完全数，之后的完全数的发现经历了一个漫长的过程。截至 2018 年，人类借助计算机也才仅仅找到第 51 个完全数。

众所周知，完全数具有许多神奇的特征。仅举两例：

完全数都是以 6 或 8 结尾的。如果是以 8 结尾，那么就肯定是以 28 结尾。

所有的完全数都是三角形数。即：6=1+2+3；28=1+2+3+4+5+6+7；496=1+2+3+⋯+30+31；8128=1+2+3+⋯+126+127。

完全数具有丰富的文化价值，这里不做赘述。对数学教学而言，如果将完全数的史料直接提供给学生，对开阔学生数学视野、调动学生探究兴趣也不无裨益，但如果深入挖掘这个经典史料的数学内涵及其蕴含的数学问题，并让学生经历完整的问题解决过程，或许更富有教育意义。

"奇妙的完全数"是为小学四至六年级学生开发的一节数学文化课。其宗旨是让学生在探索解决问题的过程中，初步理解什么是完全数，感受完全数的神奇特征，由此对数学产生更强烈的好奇心，深层次激发学生数学发现的乐趣。更重要的是，通过问题解决，更有效地培养学生的数学观念、数学发现意识和数学创造性思维能力等。

📖 教学过程

环节一：概括完全数的定义

师： 下面等式中的△、□、○分别表示不同的自然数，你能试着填一填，使等式成立吗？（见下图）

$$\triangle + \square + \bigcirc = \triangle \times \square \times \bigcirc$$

生1： 我发现了，△、□、○分别代表1、2、3，等式就成立了。因为 $1+2+3=1\times2\times3$。

师： 好啊！再认真观察这个等式，想想看，你还有什么发现？

生2： $1+2+3=1\times2\times3=6$，1、2、3是6除了自己以外的所有的因数。

生3： 6的所有因数包括1、2、3、6。除了6以外，1、2、3就叫6的真因数，也叫真因子。6的所有真因数的和还是它自己。

师： 就是啊，6好神奇，它恰好等于它所有的真因子之和。在自然数里，还能找到像6这样的数吗？

师： 还有没有呢？（停顿1秒）比如，7这个数行不行？

生4： 不行，7的真因数只有1，相加不等于它。

生5： 7的真因子只有1，也没法相加，它是个质数。

生6： 质数肯定都不行！所有的质数的真因子只有1。

师： 对呀！那我们换一个，换一个不是质数的，比如8。8这个自然数（停顿1秒），行不行呢？

生7： 8也不行，8的真因子有1、2、4，1加2加4也不等于8啊。

师： 在自然数中，到底有没有这样的数？咱们一起找一找，1—10中有没有这样的数？（见下页图）

$$1—5 \quad \times$$
$$6 \quad \checkmark$$
$$7、8 \quad \times$$
$$9 \ (1、3) \quad \times$$
$$10 \ (1、2、5) \quad \times$$

生 8：6、7、8 都不是，9 不是，10 也不是。

师：再找找 11—20 中有没有。

生 9：也没有。

师：那 21—30 中有没有这样的数呢？

（学生们都在忙于计算、寻找。）

生 10：（突然地）我找到啦！是 28。

师：28 确实具有和 6 一样的特征吗？

生 10：28 真的可以！28 的真因子有 1、2、4、7、14；把它们加在一起，1+2+4+7+14=28，正好等于 28。

师：28 也可以表示为它所有的真因子之和。那么像 6、28 这样的数是不是很奇妙呢？在数学史上，像 6 和 28 这样的数，有一个非常美妙的名字，叫"完全数"。现在你能说一下什么样的数叫完全数吗？

生 11：除了它本身以外，所有的真因子相加等于它本身的数就是完全数。

生 12：真因子已经不包括它本身了，所以可以直接说所有的真因子之和等于它本身的数是完全数。

师：在自然数中，如果一个数恰好等于它所有的真因子之和，则称这个数为完全数。这就是完全数的定义。

环节二：猜想完全数的数字特征

师：完全数在数学史上是一个非常有趣的话题，它是由古希腊毕达哥拉斯学派最先发现并命名的。据数学史料介绍，毕达哥拉斯学派发现了前四个完全数，分别是6、28、496和8128。请你读一读这些数，再认真地观察一下，这些完全数有什么特征？

生1：我发现，这些都是偶数。

生2：这些数的末尾都是6或者8，而且循环出现。

生3：我还发现，个位是8的完全数，十位都是2。

生4：这些数是从一位数到四位数按顺序出现，第几个完全数就是几位数。

师：真是这样吗？请你猜一猜，第5个、第6个完全数可能是什么样的数？

生5：我想第五个完全数末尾应该是6，它应该是个五位数。

生6：我也是这么想的，因为第几个完全数就是几位数。

生7：第6个完全数的尾数是8，它应该是个六位数。

师：这是你们的猜想，真的是这样吗？先看第5个。

（出示第5个完全数的末尾数字6，学生很兴奋。）

师：数字的末位果然是6，猜对了！

（教师继续按照数位顺序，由低到高，逐个数位出示第5个完全数。学生看到是五位数时又兴奋起来。接着教师出示第六位、第七位、第八位数，学生感到很惊讶！）

师：虽然按照前面的规律，咱们的猜想看起来很有道理，不过事实说明，我们猜错了。现在你想说什么？

生8：第6个数不可能是六位数，因为第5个完全数都已经是八位数了，所以第 6 个完全数一定不会是六位数。

师：有根据地说明自己的想法，好！第 6 个完全数的尾数我们猜得对不对呢？

（出示第 6 个完全数：8589869056。）

生 9：我们也猜错了，竟然尾数不是 8。

生 10：竟然是十位数，真是太让人吃惊了。

师：同学们，你们有什么想说的吗？

生 11：完全数一点规律都没有。

生 12：我认为还是有一点规律的，至少我们能确定尾数不是 6 就是 8。

师：同学们，我们是根据前 4 个完全数它们所具有的数字特征和尾数特征，大胆地猜想了第 5 个、第 6 个完全数的特征。事实证明有些规律我们猜错了，这说明在数学中，仅仅靠猜想是不够的！猜想之后必须要经过严格的论证和验证。尾数是 6 或者 8 这一规律现在看还依然成立，但能确定它对所有完全数一定成立吗？

生：不确定。

师：但是数学的学习离不开猜想！在数学史上，好多定理都经过了数学家的大胆猜想，又经过了严格的验证。所以，同学们，你们依然要养成猜想的好习惯，这是非常宝贵的。要敢猜敢想，最后再进行验证。猜想能激起智慧，猜想能创造奇迹。

环节三：探究完全数的奇妙规律

师：让我们再来回忆一下那个美妙的等式模型——6=1+2+3。我们看看 6 写成的这个等式，它实际上是 3 个连续自然数的和。是不是很整齐？是不是很好看？

师：让我们再来看 28 这个完全数，按照完全数的定义：28=1+2+4+7+14。那么，我感到好奇的是，28 能不能也像 6 这样写成几个连续自然数的和呢？

生 1：哇，我算出来啦！28=1+2+3+4+5+6+7。

师：果然是这样啊！你是按照连续自然数依次相加，最后发现加到 7 正好就是 28 了，是吧。这样很好啊！但当我们不知道最后加到几时，还有没有更一般的方法呢？

生 2：我先把连加算式的最后一个数设为 x，那么这个式子就是 28=1+2+…+x。

师：好啊！那怎样得出 x 是几呢？

生 2：我可以把算式变成 56=$x(x+1)$，所以 x=7。

生 3：等等，56=$x(x+1)$ 这个算式是怎么得到的？

生 2：是这样的，我先把 28=1+2+…+x 这个等式变形，变成 28=x+…+2+1 的样子。然后，我再把两个等式的左边和右边分别相加。左边相加肯定是 56 啦！再看右边，每个对应的数相加都得到 (x+1)，有多少个呢？一共有 x 个，就得到 56=$x(x+1)$。（见下图）

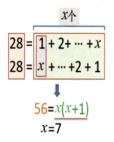

师：这位同学通过转化，得到了这样一个等式，这也叫方程吧！那

么怎么解这个方程呢？怎么求这里的 x 呢？我们可以看一下，这是两个什么样的数？

生4：是两个相邻的自然数。

师：对呀！两个相邻的自然数乘积等于56，你们再想一想，这两个数是几呢？

生5：七八五十六。

生6：x 是7。

师：是啊！这样，28就等于1+2+3+4+5+6+7。

师：那么，大家是不是也有这样一种想法，把496也写成连续的自然数的和的形式呢？

生7：这个不难，列方程得到496=1+2+…+x。所以496=x(x+1)。

生8：好像不对，等式右边的 x(x+1) 是对的，左边不能直接是496，还要乘2。

师：是这样吗？咱们再回到刚才的式子看一看。等式右边为什么能有 x 个 (x+1) 呢？是因为我们把上下两个等式相加了。那等式左边呢？

生9：我们也要把它们相加，否则等式就不成立了。

师：是呀，496当然也要乘2啊！（见下图）

$$496 = 1+2+\cdots+x$$
$$992 = x(x+1)$$

师：好了，现在我们得到了992=x (x+1) 这样一个方程。又该怎么解呢？

生10：这是两个连续的自然数的乘积，我们算一算应该是哪两个连续的自然数相乘就可以了。

生11：我知道了。$x(x+1)$ 是两个连续的自然数相乘；因为结果是九百多，所以这两个自然数应该是三十几。到底是三十几呢？

师：对啊！三十几乘三十几就等于九百多。到底是三十几呢？

生12：我觉得应该是 31×32。因为我发现乘积的末尾是2，一二得二啊！

生13：我认为有可能是 31×32，也有可能是 33×34、36×37、38×39，因为它们相乘后，末尾也都是2。

师：个位是2，这是个多么重要的信息啊！刚刚也有同学说，还可能是 33×34、36×37、38×39 啊！那么，究竟能不能是 38×39 呢？

生14：我觉得 38×39 太大了，两个数都接近40，再一相乘，得数就接近1600，不可能得992。

师：这个分析非常好！那么到底应该是多少呢？

生15：我计算出来的，31×32 正好等于992。所以，$x=31$，$496=1+2+3+\cdots+31$。（见下图）

$$496= 1+2+\cdots+x$$
$$992=x(x+1)$$
$$\downarrow$$
$$992=3\square \times 3\square$$
$$\downarrow$$
$$31 \times 32 \quad \checkmark$$
$$或38 \times 39 \quad \times$$
$$\downarrow$$
$$x=31$$

师：好啊！大家在课下还可以继续探索一下，如果把第四个完全数8128写成连续自然数的和的形式，又是什么样呢？你又如何解决呢？

师：同学们，在数学史上，完全数的发现经历了一个漫长的过程。截至2018年，借助计算机，也才仅仅找到第51个完全数。而关于完全数还有很多奥秘。你们课下还可以继续了解它，关注它，研究它。你会感觉学习数学其实是很美妙的。让我们一起享受数学发现之美吧！

👤 育人意蕴

本节课依托完全数的数学史料，深入挖掘并设计了三个探究性问题：概括完全数的定义，猜想完全数的数字特征，探究完全数的奇妙规律。

在概括完全数的定义这一环节，首先，教师通过设计一个非常巧妙的等式模型，引出 1+2+3=6 这个数学事实。当学生惊奇地发现这个事实后，必将生发感叹：多么奇妙而美丽的结论啊！这不仅为激发学生的学习热情创设了良好氛围，也为引出 6 可以表示为它的三个真因子 1、2、3 的和做了巧妙铺垫。事实上，这也为学生概括完全数的定义埋下一个伏笔。进而，教师顺势引导学生探究，10 以内是否存在如 6 这样的数，20 以内是否存在如 6 这样的数，这个过程表面看似对于寻找第二个完全数 28 没有实际意义，却蕴含了让学生通过推理和验证来深化对完全数概念的理解，并且可以让学生怀着既兴奋又迫切的心情积极寻找如 6 这样的数。当学生经历这个过程之后，会带着一丝隐隐的失落，又依然兴致勃勃地寻找 30 以内是否存在如 6 这样的数。当 28 这个数被学生次第发现时，可以想见，学生的兴奋度必将陡然提升：啊！我终于找到了！太奇妙了！ 28 这个数也具有和 6 一样的特征！至此，教师再宣布像 6 和 28 这样的数在数学史上有一个漂亮的名字——完全数，那么学生就会对完全数更加生发出一份热爱。恰恰是让学生先经历了寻找和探究的过程，让学生概括完全数的定义就显得水到渠成了。

在猜想完全数的数字特征这一环节，教师先给出前四个完全数——6、28、496、8128，之后让学生认真观察这四个数的数字特征，大胆猜想第五个完全数和第六个完全数具有怎样的特征。这是一个精巧的数学问题情境。这个问题情境是激发学生自觉发现数学规律和调动学生进行大胆猜想的一个绝妙的"诱饵"！所以，正像学生所发现和猜想的那样：第五个完全数应该是一个五位数，末尾数字是 6；第六个完全数是六位数，末尾数字是 8。这是合情推理和归纳猜想，可谓无懈可击！而当几乎所有的学生满心兴奋与充满成就感时，教师将第五个完全数和第六个完全数陆续展现出来，学生一下子惊呆了——我们的猜想错了！正当学生处于失落与不解之时，教师不失时机地点拨学生——在数学中，仅仅靠猜想是不够的，猜想之后必须要经过严格论证与验证，但是数学学习离不开猜想，等等。可以说，这个猜想的过程既是学生智慧的绽放，也是理性思维的检验。对于学生的情感与思维来说，不啻经历一次"冰与火"的体验！这才是曼妙的数学学习！而这个教学过程，是超越数学知识与技能的对学生的数学观念与数学方法论的启迪与塑造。这才是更具育人价值的数学课堂！

在探究完全数的奇妙规律这一环节，教师首先展示 6=1+2+3 这个表达式，让学生发现这是一个连续自然数的和的形式结构；进而启发学生探索 28 是不是也可以类似地写成若干连续自然数的和。可以想象，将 28=1+2+4+7+14 改造为 28=1+2+3+4+5+6+7 的过程，不仅是让学生经历数学建模的思维过程，也是充分调动学生的数感，培养学生数学直觉的思维过程。而当教师追问是否还有更一般的方法解决这个问题时，又自然地引发学生设立未知数，这就使得对这一问题的解决渗透了方程的思想。特别是当学生推出 $56 = x(x+1)$ 这个关系式时，究竟如何求得 x，是一个非常好的数学问题！因为虽然从表面上看 $56 = x(x+1)$ 是一个一元二次方程，但 $x(x+1)$ 所表示的实质是两个连续自然数的乘积，当学生从这个视角审视 $56 = x(x+1)$ 时，问题就迎刃而解了。无疑，对这个问题的探究与解决，必将培养学生思维的深刻性和变通性。

归结起来，细细品味三个问题的内容结构设计，各个问题之间不仅具有严谨精妙的内在逻辑，而且蕴含着丰富的数学思想。这就不仅可以让学生经历完满的问题解决过程，还可以让学生在问题解决过程中积累宝贵的数学活动经验，提升数学创造观念和数学素养。重要的是，正如苏联著名数学教育家斯托利亚尔所强烈主张的——数学教学要给予学生发现数学真理的过程，让学生发现那些在科学上早已被发现的东西，像是被他第一次发现那样。也如荷兰著名数学教育家弗赖登塔尔的深刻阐述——学生学习数学是一个"再创造"的过程，要把前人已经创造过的数学知识重新创造一遍。对本节课来说，学生所经历的这三个极富趣味与挑战的问题探究解决，也是一次尽情享创数学发现魅力的充实旅程。

迷惑·迷茫·迷醉
——迷人的数字家园 ①

 课堂感悟

    数学文化课让孩子们在抽丝剥茧中不断揭开数学的神秘面纱，让孩子们在迷雾中结伴前行，在困惑中挣扎，在过程中喜悦，不断接近数学的深处！我不禁感叹，数学可真是如此捉摸不透又如此动人心弦呀！

——执教教师　杨　雪

    迷人的数字家园可真是太迷人了，这么复杂的图形可以用这样简单的方式表示。数学就是这样的，能让我们这个纷繁复杂的世界看起来如此简洁明了！

——五年级学生　刘清羽

---

① 此课例作为"数学课堂如何立德树人"的精品创新课，在中国教育电视台2020年课堂直播栏目《同上一堂课·名师课堂》上展播。课程设计：李铁安；执教教师：杨雪，湖北省武汉市东西湖区远洋世界小学教师，湖北省特级教师工作室学员。本课适用于小学三至五年级。

　　彰显育人力量的数学文化课最能让数学真正走进学生心里并感染学生心灵，也最能让天真好奇的学生真正经历刻骨铭心的数学学习。这其中的意趣是：当学生初次面对数学知识或数学问题时，就陷入一种深深的迷茫——"这究竟是什么呢？怎么会是这个样子呢？"而当经过艰难而痛苦的情感与思维"挣扎"之后，最终表现出一种满满的兴奋与感慨——"啊！原来是这样的！可不就是这样嘛！"（李铁安，2018c）[11]事实上，数学文化课是让学生在经历数学化历程中热情体验数学、享受数学和再创造数学的课堂，是让学生诗意栖息于一片文化境界的课堂。

　　这或许可以从"迷人的数字家园"一课中得到部分回应。此课内容选自《迷人的数学》中的一个题材（见下图）——在一个由许多杂乱无章的几何图形构成的色彩缤纷的矩形图案里，镶嵌着1—90这90个自然数。（莫斯科维奇，2016）

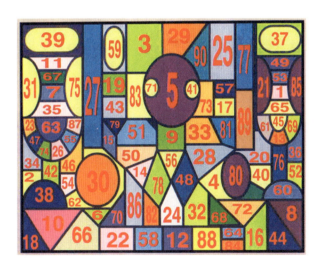

　　本节课的核心任务是让学生将矩形图案里的90个数，按自然数的顺序快速地一一找出来。虽然这不过是一个简单的充满"游戏味道"的"找数"和"数数"活动，但因数的排布隐藏着奇妙的规律，所以"找

数"的过程颇具"探究味道",而探究的过程可以充分激发学生的好奇心,引发学生的数学思考,特别是在让学生经历探究规律的过程之后,便更能引发学生对数学意义的思考。这正是让学生真正经历刻骨铭心的体验数学、享受数学和再创造数学的学习过程。

🔲 教学过程

环节一:观察矩形图案——初探分布规律

师:首先我们来看一幅图。(见上页图)仔细观察,你看到了什么?

生1:看到了很多颜色,红色、蓝色、橙色……,很鲜艳,但是感觉眼花缭乱的。

生2:我发现这是一个长方形,长方形里面又有很多图形,还有一些数呢。

生3:是呀,长方形里面又有三角形,还有圆形、长方形、梯形,还有多边形……

生4:是的,长方形里有很多数,都是自然数。

师:是呀,正像你们说的,这个图形色彩很艳丽,但是感觉眼花缭乱的。仔细地看,这是一个长方形,长方形里面呢又有很多不同的形状,里面还有很多自然数。那么这里面的数字是一些什么数呢?

生5:都是自然数呀。

生6:我发现这里面,最小的数是1,最大的数是90。所以我猜想1到90这些数应该都在这里吧。

师:是吗?那你的意思就是说,在这个图形里面有90个数呀!是这样吗?那我们就来找一找吧!我们是不是要按顺序找呢?

生7:是的,但是图片太乱了,不太好找呀。

生8: 这里的数字密密麻麻的，一点分布的规律都没有。

师: 是的，但是我们不妨先按顺序找一找吧！在这个图形里，1在哪里？2在哪里？3在哪里？4又在哪里呢？

生9: 老师，我发现了，1在这里，2在这里，3在这里，4在这里。（边圈边数1—4。）

师: 我们再来看看另一个同学的吧！

生10: 1在这里，2在这里，3在这里，4在这里。然后呢，5在这里，6在这里，7在这里，8在这里。（边圈边数1—8。）

师: 真不错，找到了前8个数。那我们继续数一数吧！

（学生11边圈边数9—16。）

师: 谁能试着完整地数一数1—16？

（学生12点数1—16。）

师: 哪位同学能更快地数一数呢？

生13: 我能比他快，看我数一数。（点数1—16。）

师: 我们一起像他这样，用手指着数一数。（全班展示，点数1—16。）

环节二：基于分布规律——抽象几何模型

师: 看一看这些数的位置，你有什么发现？（见第151页图）

生1: 我发现1在右上角，2在左下角，3在左上角，4在右下角。

师: 谁能像他这样继续说一说？

生2: 5在中间偏右上角的位置，6在左下角，7在左上角，8在右下角。

师: 那你们猜一猜，9会在哪里？

生: 右上角。

师: 10呢？

生：左下角。

师：11 就在——

生：左上角。

师：12 在——

生：右下角。

师：哦，9 在这里，10 在这里，11 在这里，12 在这里，我感觉你们似乎发现了什么规律了呢。要不我们再来一起数一数？

生3：老师，我有发现。

师：不着急，慢慢说。

生3：我发现它是按照这个顺序在不断循环的。（边画边说。）

师：是这样吗？我们一起来试试。（全班在空中书写展示。）

师：为了将这个规律简单地表示出来，我们可以借助数学符号。数字家园五彩缤纷，为了方便我们探索规律，我们将这幅图简化成数字家园本来的形状——这是一个……长方形。通过刚刚的观察，我们发现，这些数大概是按照右上、左下、左上、右下的顺序排列的，所以我们尝试着用箭头表示数排列的顺序。（见下图）

 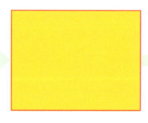 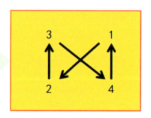

师：刚刚我们知道 1 在右上角，2 在左下角，3 在左上角，4 在右下角，那我们能不能把这个长方形分成 4 个区域呢？

生4：可以按十字形分一分吧！（见下页图）

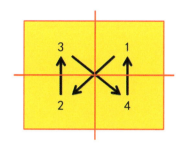

环节三：借助数学模型——深析数的规律

师：那每个区域都有哪些数呢？我们先来研究右上角这个区域。

生1：这个区域里有1、5、9、13。

师：在这个区域里，下一个数是几？

生2：17。

师：不用看你们就知道啦，我还得去找一找呢！呀，17真的在这个区域里。那么，你是怎么知道的呀？

生2：因为你看，5=1+4，9=5+4，13=9+4，所以下一个数就是13+4=17呀。

师：接下来的数是几呢？

生3：21，因为17+4=21。

师：再下一个数呢？

生4：25，21+4=25呀。

师：那这个区域呢？14之后的数是多少？

生5：18。

师：在没在这里？啊，在这里！

师：那18之后呢？

生6：22。

师：22 之后呢？

生7：26。

师：这个区域已经找到了 3、7、11、15，接下来的三个数又分别是几呢？

生8：19、23、27。

师：4、8、12、16 在这个区域，往后数的第 3 个数又是几？

生9：是 28。因为这个区域里也是每次加 4，所以后面第 3 个数就是 16+4+4+4=28。

师：仔细看一看，每个区域内的一组数中，相邻两个数的差都是 4。（见下图）

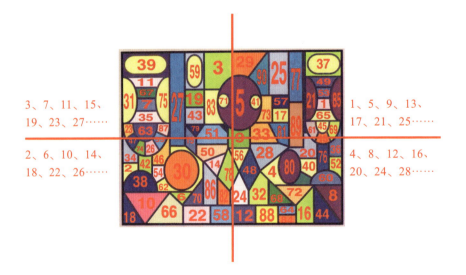

3、7、11、15、19、23、27······

1、5、9、13、17、21、25······

2、6、10、14、18、22、26······

4、8、12、16、20、24、28······

环节四：预判数字区域——抽象代数模型

师：刚刚我们知道了每个区域有哪些数。现在如果给你一个任意数，不观察图形，你能不能预判一下数字在哪个区域呢？我们一起来试一试吧！36 在哪里？

生 1：这也太简单了，36 肯定在右下角呀，右下角的数都是 4 的倍数，36 正好是 4 的 9 倍，所以就会在右下角了呀。

师：那 50 又在哪里呢？

生 2：我觉得 50 应该在左下角，因为 50÷4=12……2。

师：余 2 怎么就在左下角呢？

生 2：因为 50 就是 12 个 4 再加 2，那就是从 2 开始数，2 在左下角，所以 50 也在左下角呀。

师：77 在哪里？

生 3：77 应该在右上角，77÷4=19……1，从 1 开始数，1 在右上角。

师：83 又在哪里呢？

生 4：83 就在左上角，83÷4=20……3，从 3 开始数，3 在左上角。

师：刚刚在判断数的位置的过程中，你发现了什么？

生 5：我发现，我们在找数的时候，可以先用这个数去除以 4，看看还余几，就是从哪个数开始数的，那就能确定在哪个区域。如果正好整除，就在右下角，余 1 在右上角，余 2 在左下角，余 3 在左上角。

师：也就是说，右下角的数能被 4 整除，那其余三个区域呢？

生 6：右上角的数应该是被 4 除余 1。

生 7：左下角的数就是被 4 除余 2。

生 8：左上角的数是被 4 除余 3。（见下页图）

3、7、11、15、19、23、27……	被4除余3	被4除余1
2、6、10、14、18、22、26……	被4除余2	被4整除

1、5、9、13、17、21、25……

4、8、12、16、20、24、28……

师：好，非常好！那么，你们能不能再用含有字母的式子把每组数的规律表示出来呢？请和同学讨论一下吧！

师：我们先来看这个区域，第 1 个数是 4，第 2 个数是 8，第 3 个数是 12，那第 n 个数是多少呢？

生 9：$4n$，因为第 1 个数是 $4×1$，第 2 个数是 $4×2$，第 3 个数是 $4×3$，那第 n 个数就是 $4×n$，简写成 $4n$。

师：好啊，也就是说这个区域我们可以用 $4n$ 来表示。那么其他三组数又可以用哪个式子来表示呢？

生 10：右上角应该是 $4n+1$ 吧，因为是被 4 除余 1 呀。

生 11：左下角是 $4n+2$，因为是 4 的倍数加 2。

生 12：左上角当然就是 $4n+3$ 了！

师：很好！那么我要问一下，这里的 n 是从几开始取呢？

生 13：是从 1 开始啊！

师：是这样吗？好好想一想！

生 14：哦，不对！我觉得 n 应该是从 0 开始取，但这样的话，右下角区域的数就应该是 $4n+4$。

师：对啊！这就非常精准而完美啦！（见下页图）

3、7、11、15、
19、23、27……

| 4*n*+3 | 4*n*+1 |

1、5、9、13、
17、21、25……

2、6、10、14、
18、22、26……

| 4*n*+2 | 4*n*+4 |

4、8、12、16、
20、24、28……

师：大家看，今天我们通过观察、发现、简化、验证，将复杂的数字家园用这样简单的形式来表示，这样看来，它确实是一个迷人的数字家园呀！（见下图）

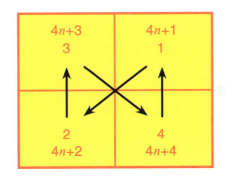

师：现在，让我们来回顾一下刚刚我们经历的问题解决的整个过程，你有什么样的感想呢？

生15：我觉得只要认真观察就能发现数排列的规律，让我们容易地找到数。

生16：数学真的很神奇，让这样复杂的问题变得很简单了。

生17：我觉得，以后如果我们遇到难的问题，就要想办法看能不能借助数学来帮忙。

师：是的，我们都有这样的感觉——乍看这个充满数字的矩形图，令人眼花缭乱，我们要按照顺序一一找出那些数的时候，最初也是没有头绪，但是当我们用数学符号、图形表示数字规律之后，注意——这是一种巧妙的数学化思维，这个看似纷繁的问题就迎刃而解了！其实想一想，我们这个大千世界也是纷繁复杂的。究竟如何把这个纷繁复杂的大千世界看得清清楚楚、明明白白、真真切切呢？数学也许是一个有效的秘密武器！或者似乎也可以说——数学是认识世界的显微镜和望远镜！所以，我们说，如果没有数学，我们将遭遇冲动的鲁莽和无奈的迷茫。

师：同学们，数学不仅是有用而有力的，也是神奇而美妙的！愿你们在数学学习中，放飞好奇心，激发想象力，感受数学文化之美！

🔵育人意蕴

这是一节因饱含游戏味道而深具数学意味的数学文化课。

本节课的核心任务是：让学生将矩形图案里的 90 个数按自然数的顺序快速找出。在整个教学过程中，教师有逻辑地为学生设置了四个学习任务（更确切地说，这四个任务也是四个游戏）：首先，认真观察矩形图案，初步探索数的分布规律；其次，基于数的分布规律，抽象数的分布的几何模型；再次，借助数的分布的几何模型，深入探索数的规律；最后，根据数的预判区域，抽象数的特征，构建代数模型。

在第一个游戏中，教师引导学生先认真观察矩形图案，尽可能说出图案特征，再初步按自然数顺序找数。这个游戏环节的育人目标是：通过强化学生的视觉功能，培养学生的观察力，发展学生的发散思维能力、抽象思维能力和问题意识。同时，这个环节也让学生对本节课的核心任务做出了初步推测，这就为下一个游戏铺设了问题情境。

在第二个游戏中，教师启发学生认真体会 1—16 这些数的分布位置，引导学生努力想象和思考它们的分布规律，再让学生抽象出这些数是按照"右上、左下、左上、右下"的几何模型分布的。这个游戏环节的育人目标是：积极引导学生根据事实信息自觉地进行"数学化"迁移，激发学生的创造性思维，培养学生的抽象思维能力、逻辑推理能力和数学建模能力。

在第三个游戏中，教师引导学生深入分析"右上、左下、左上、右下"这四个几何区域里的数的分布规律。这个游戏环节的育人目标是：让学生对四个几何区域里分布的数进行分类，并构造出相对应的四组数的序列，从而培养学生的抽象思维能力、归纳推理和演绎推理能力，以及数学运算和数学建模能力。

在第四个游戏中，教师引导学生对"右上、左下、左上、右下"这四个几何区域里的数的分布规律（也就是四组数的序列）进行归纳，建构代数模型，得到与"右上、左下、左上、右下"这四个几何区域相对应的数的序列的代数模型，依次是"$4n+1$、$4n+2$、$4n+3$、$4n+4$"。这个游戏环节的育人目标是：让学生通过几何区域与数的分布规律之间的相互对应，强化学生的数学思维意识，培养学生的抽象思维能力、逻辑推理能力和数学建模能力。

课堂实践证明，正是这四个游戏为学生搭建了一个极具趣味性、开放性和游戏化的饶有兴致的问题系统，使学生沉浸在这个问题系统之中。而在游戏过程中，学生在情感与思维上经历的是一个曼妙的体验之路：从最初的"迷惑——这是什么啊？"，到中间的"迷茫——这有什么规律啊？"，直至最后的"迷醉——这么神奇啊！"。

我们有理由相信：对学生而言，在这样的学习和游戏中，在一无所知之时，神奇的潜意识神秘地解决了问题——意外发现这个世界或事物之间蕴含着某种全新的联系和规律。这不仅会使他们获得智力上的满足，也会对自己的发现充满敬畏——我竟然也能发现和创造啊！

追寻数学家的精神踪迹

——高斯速算的精妙思维 ①

 课堂感悟

原来数学文化就蕴含在我们的日常教学中，没想到一个经典的
数学故事就是可以看得见摸得着的数学文化！喜悦的笑脸，高举的
小手，无不彰显着数学文化课带给学生们的幸福体验。

——执教教师　桂莉萍

数学是灵活的。高斯解决问题时能打破常规，不走普通计算的
路，开辟新方法，这是伟大的发现！

——三年级学生　杨普涵

被誉为"数学王子"的德国天才数学家高斯，在少年时做一道老师
给出的算术题：1+2+3+4+…+97+98+99+100=？高斯迅速算出了结果是
5050。为什么高斯能够快速地计算出这个正确结果呢？在数学史上，通

---

① 此课例作为"数学课堂如何立德树人"的精品创新课，在中国教育电视台 2020 年
课堂直播栏目《同上一堂课·名师课堂》上展播。课程设计：李铁安；执教教师：桂
莉萍，中国教育科学研究院朝阳实验学校高级教师，北京市朝阳区小学数学骨干教师。
本课适用于小学五、六年级。

常这样解释：高斯在看到这个问题时，果断而坚定地认为，这个问题不应该是一个数一个数地加下去，那就太烦琐了！一定有更加简便的计算方法！基于这样的考虑，高斯认真分析算式中各个数的基本特征。他发现如果分别从首尾顺次取数并将对应的两个数相加，其和都等于 101，即：$1+100=2+99=3+98=4+97=5+96=\cdots=50+51=101$。这样，共有 50 组 101，所以，和就应该是 $101\times50=5050$。

这是数学史中脍炙人口的故事，这个故事本身就是数学文化的题材。让学生探索解决这个数学问题，并剖析高斯解决这个问题的整个过程，可以让学生更透彻地理解数学家解决数学问题的思维方式与特征，更深切地领悟数学家发现创造数学的思想脉络，汲取数学家宝贵的数学精神。

🔄 教学过程

环节一：提出数学史话——认识"数学王子"高斯

师：同学们，看看这个图案，觉得它美吗？数一数这个圆周上有多少个分点，看看分点的间距有什么特征。（见下图）

将圆周十七等分

生 1：老师，这幅图好漂亮啊！我发现这个圆周上共有 17 个分点，

分点的间距都相等。

师：这个将圆周十七等分之后画出来的图案确实很美！但是若要精确地将圆周十七等分，则是一个十分困难的问题！在数学史上，这一问题自从被古希腊数学家欧几里得提出以来，曾经困扰了数学家两千多年。直到 1796 年，终于被一位 19 岁的年轻人彻底漂亮地解决！这位年轻人就是被人们誉为"数学王子"的大数学家高斯！

环节二：提出核心问题——1+2+3+4+…+97+98+99+100=？

师：高斯一生痴迷数学，解决了许多数学史上的难题。关于高斯，还有一个被广为传唱的著名故事，就是少年高斯做过的关于自然数求和的速算问题。今天我们就走进高斯，一起了解"高斯速算"。

师：有这样一个问题："1+2+3+4+…+97+98+99+100=？"同学们想一想，试一试吧。

（教师给学生一段时间，学生独立尝试解决问题。）

师：有的同学在非常认真地一个数一个数地加，好像要把完整的算式列出来。有的同学好像已经算出从 1 加到 10 的和了。还有的同学在冥思苦想。怎么样，有什么感觉？

生1：老师，一个一个地加实在是太麻烦了！

生2：从 1 一直加到 100，相加的数太多了，而且越来越大！越往后，相加计算就越难！

环节三：提出简单问题——1+2+3+4+5+6+7+8+9+10=？

师：是啊，数太多了，加起来好麻烦啊！我们能不能先解决简单一点的问题，看看有没有启发我们的地方，再去解决复杂问题？

师：大家看，如果有三摞硬币，每摞分别为 1、2、3 枚硬币，那么

这三摞硬币一共有多少枚呢？（见下图）

生1：一共有6枚硬币。我直接将三摞硬币的数量相加，就是1+2+3=6。

生2：我是把第一摞硬币放到第二摞上，再把前两摞放到第三摞上，边移动边口算，1+2+3=6。

师：同学们有的算，有的摆，都选择了自己喜欢的方法。如果此时有四摞硬币，一共有多少枚呢？（见下图）

生3：老师，我直接在6枚的基础上加4枚，就是10枚。

师：你借用前三摞硬币的总和，直接加上第四摞的硬币数，可以这样想。

生4：我是看1+4=5，2+3=5，再用5+5就算出10枚了。

师：你沿用了移动、摆放的思路，找到了2个5相加的办法，也是个好主意！

环节四：提出复杂问题，借助模型解决

如果有十摞硬币，每摞分别为1、2、3、4、5、6、7、8、9、10枚，那么这十摞硬币一共有多少枚呢？同学们可以想一想，再算一算。（见下页图）

生1：刚才有同学想到了移动硬币的方法。我发现如果把第一摞硬币移动到第十摞上，就变成11枚硬币。以此类推，第二摞放到第九摞上，第三摞放到第八摞上，第四摞放到第七摞上，第五摞放到第六摞上，于是原来的十摞硬币就变成了五摞，而且每摞都是11枚，所以11×5，一共有55枚。

师：这位同学移动硬币后，把数量不同的十摞硬币变成了数量相同的五摞硬币，你们听明白她的想法了吗？（见下图）

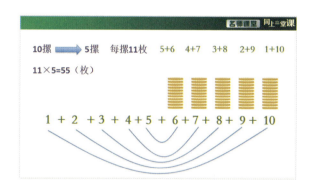

生2：老师，我听明白这位同学的想法了。其实她的方法就是在计算从1加到10的和是多少。只不过她没有从左至右一个数一个数地加，而是将首尾数一组一组地相加，发现1+10=11，2+9=11，3+8=11，4+7=11，5+6=11，得到了5个11，就是55枚。

师：正如刚才这位同学所说，通过移动的方法，可以把十摞硬币变为五摞，而且每摞硬币都是 11 枚，要求硬币的总数就是求 5 个 11 是多少。

师：那我们能否把这个过程写成一个新的算式呢？

师：计算从自然数 1 加到 10 的和，我们可以将其变为（1+10）+（2+9）+（3+8）+（4+7）+（5+6）=11×5=55。原本对于一个从 1 加到 10 的加法问题，同学们发现了数与数之间的规律，借助规律凑成了 5 个 11，把加法问题转化成了一个乘法问题，使计算变得简单又快捷。

环节五：再提同类问题——1+2+3+…+18+19+20=？

师：现在还有这样一个问题——一共有 21 枚硬币，分给小红和小强两个小朋友。小红主动和小强说："这样吧，我最少时得到 1 枚硬币就可以，最多也不要超过 10 枚，其余都给你吧。"如果按照小红的说法，一共有多少种分法呢？你们想一想，试着分一分吧。

（学生独立尝试解决。）

师：有的同学在一对儿一对儿地写，有的同学通过列式表达，还有的同学在列表呢！哎，是不是列表的方法更好一些？我把同学的列表方法整理一下。（见下表）

单位：枚

小红分得的硬币数	1	2	3	4	5	6	7	8	9	10
小强分得的硬币数	20	19	18	17	16	15	14	13	12	11

大家看一看，采用列表的方式好在哪里？

生 1：列表的方式将小红和小强每人得到的硬币数一一列举出来了，没有重复和遗漏。

师：一一列举、不重不漏的确是列表法的长处。

生2：我认为列表可以把十种分法都清楚地表示出来，既能知道小红分得几枚，也能知道小强分得几枚，而且还是按顺序表示出来的。

师：的确是，列表可以按一定的顺序来呈现不同的分类方法。

师：假如我们要计算1+2+3+…+18+19+20的和，仔细观察这个表格，再想一想，能受到什么启发吗？

生3：从上面的列表可以看出，每一列两个数相加都是21，一共有10列，也就是10个21。也就是说，1+2+3+…+18+19+20=21×10=210。

师：你们通过观察表格发现的这个规律真好，一下子就找到解决问题的关键了！这个表，要是再补一行，是不是就更加一目了然了？（见下表）

单位：枚

小红分得的硬币数	1	2	3	4	5	6	7	8	9	10
小强分得的硬币数	20	19	18	17	16	15	14	13	12	11
总数	21	21	21	21	21	21	21	21	21	21

师：我们从左往右横向观察，小红的硬币数在增加，小强的硬币数在减少，但两人的硬币数正好体现了1—20这些自然数。再一列一列地纵向观察，每两个数的和都是21。这不就是在告诉我们，计算1加2加3一直加到20的和，就是求10个21是多少嘛！

生4：其实我发现，计算从1加到10的和所使用的方法也适用于计算从1加到20的和。把首尾两个数顺次组合在一起，求出10个21是多少就行了。

师：不论是从1加2加3一直加到10，还是从1加2加3一直加到

20，一个数一个数地加肯定是很麻烦的。可是算着算着，这些麻烦的加法到最后怎么又变得简便了呢？

生5：我们刚才把一个很多数相加的问题转化成了两个数相乘的问题，这样就使计算变得简单了！

师：对啊！你们理解得真好！乘法就是计算相同的数的和的运算。其实，我们之前解决的这两个问题首先是将求不同加数的和转化为求相同加数的和，这样就可以使复杂的加法运算最终变成乘法运算了。当然，这里我们使用了加法的运算规律——交换律和结合律。

环节六：重提核心问题——1+2+3+4+…+97+98+99+100=？

师：之前我们要计算"1+2+3+4+…+97+98+99+100=？"，有的同学一个数一个数地相加，很累，很烦，对吧？那么如果我们现在再来解决这个问题，你有什么办法吗？自己试一试，好吗？

生：从1加到100，可以用（1+100）加（2+99），首尾两个数依次加，一直加到（50+51），也就是50个101，等于5050。

师：非常好！对原来那样复杂烦人的问题，我们在找到规律之后就可以用简便算法了！其实这就是少年高斯做过的自然数求和问题。当时，他的老师在黑板上写出这道题后，高斯没有像其他一些同学那样迫不及待地开始一个数一个数相加运算，而是先沉静地认真观察思考。不久，他就按照上面我们用到的算法来计算，快速准确地得到5050这个结果。准确地说，我们用的算法正是当初小高斯用的算法！

环节七：再提新的问题——少年高斯解决问题时究竟是怎样想的？

师：让我们还原一下小高斯当时解决这个问题的思维历程。高斯想：如果一个个相加求和也太麻烦了吧？老师也不想让我们这样算吧？有没有简便算法呢？一定有。我要看看这些数有没有特征。——正看和反看真的有规律呢！如果分别从首尾顺次取数，把对应的数相加，和都是101啊！一共有50组这样的数，所以总和就是101×50=5050。同学们细细地品味高斯的思路，你们从中有怎样的启发呢？

生1：高斯看到题目后，没有马上提笔就算，而是首先进行了认真审题和冷静思考，这可真是个好习惯。

师：你佩服高斯的冷静，欣赏他能认真观察。

生2：高斯坚信自己的想法，他相信一定有简便方法，所以就勇敢地沿着这条路向前走。

师：你感受到了高斯敏锐的直觉和坚定的自信。

生3：高斯解决问题时没有从头加到尾，而是采用新方法，不走寻常路，这应该叫创新。

师：敢于尝试、勇于创新的高斯让人印象深刻。

生4：我觉得高斯看问题很灵活，对于自然数相加的算式，他既能从左向右看，也能从右向左看，还想到了隔着数来看，非常了不起。

师：看来大家真的领悟了，你们真正走进了小高斯思维的深处！在数学中，高斯速算问题是一个具有一般意义的问题。在今后的数学学习中，你们必将遇到这类问题。课下，你们还可以自己编一些类似的题目，做一做，重要的是看能不能悟出一个规律。由一些特殊的同类问题，归纳一般规律，并创造新的问题和新的发现，这是做数学的最大乐趣！

🔵 育人意蕴

这是一节关于如何通过追寻数学家的精神踪迹，彰显数学育人价值的典型案例。

少年高斯的速算故事是数学史中一段脍炙人口的佳话，许多小学数学教师都会在课堂教学中提及这个故事，以此引发学生对数学家的敬仰，激发学生学习数学的兴趣，感召学生热爱数学。但有些教师往往只是把这个故事作为教学过程中的一个话题，而专门将其开发为一整节课的教学内容的情况并不多见。那么，仅仅是一个数学小故事，究竟有没有必要花费一节课的时间学习呢？这完全取决于对这个故事的文化价值和育人价值的定位与理解。事实上，这个数学故事蕴含丰满的文化价值和深刻的育人价值。本节课的设计与实施就定位在通过探索"1+2+3+4+⋯+97+98+99+100=？"这个问题，还原少年高斯在解决这个问题时的思维方式与特征，让学生在追寻高斯的数学精神踪迹中发展数学问题解决能力，积累数学思想，汲取数学创造精神。

本节课教学内容围绕核心问题"1+2+3+4+⋯+97+98+99+100=？"架构展开。子问题的逻辑结构是：

1. 提出数学史话：认识"数学王子"高斯

2. 提出核心问题：1+2+3+4+⋯+97+98+99+100=？

3. 提出简单问题：1+2+3+4+5+6+7+8+9+10=？

4. 提出复杂问题，借助模型解决

5. 再提同类问题：1+2+3+⋯+18+19+20=？

6. 重提核心问题：1+2+3+4+⋯+97+98+99+100=？

7. 再提新的问题：少年高斯解决问题时究竟是怎样想的？

首先，依次提出这些问题不仅符合数学内在规律和学生认知规律，更重要的是能够让学生经历一个完满的问题解决过程，而且在问题解决的过程中蕴含着学生对数学思想和数学思维方式的深刻把握与领悟。

问题1是通过展示圆周十七等分的图形，自然引出高斯曾经破解了困扰数学家两千余年的数学难题，让学生对高斯心生敬意；而且通过让学生认真观察图形，激发和培养学生的空间观念、几何直观和审美判断力。这一精巧的设计，将学生的兴趣和思维有机地调动起来，为学生对整节课的学习奠定了情感铺垫和认知基础。

问题 2 是直接提出"1+2+3+4+…+97+98+99+100= ？"这个核心问题。对于学生来说，面对这个复杂问题，他们首先是感到好奇，其次是想办法竭力突破，再次是思维会反复挣扎，最后在经历这样一个过程后产生新的思考：如果探索一下更简单的同类问题，是不是可能会找到解决问题的思路呢？显见，这个过程可以有力地培养学生思维的深刻性和灵活性，同时也帮助他们积累了数学活动经验。

问题 3、问题 4 和问题 5 都是在问题 2 之后依次自然生成的，也承载着为解决问题 1 而探索规律、方法的功能，特别是解决这几个问题的方法与过程别出心裁，引人入胜——问题 3 的解决充分借助几何直观，使学生在对审美与和谐的强烈追求下，蓦然发现硬币的首尾叠加也就是算式的首尾依次相加，这事实上就找到了解决核心问题的方法策略，这个过程不啻让学生经历了仿佛发现一个新的数学秘密所带来的兴奋与自信；问题 4、5 的解决是对问题 3 所发现的方法的一个应用、巩固和展开，使"首尾相加"这个计算模式在学生那里得到进一步深化。至此，问题 6 的解决就变得水到渠成。从解决核心问题的角度来审视，问题 2—6 构成一个从难到易再从易到难的认知过程，也是一个从一般到特殊再从特殊到一般的过程。可以说，学生所经历的是一个扎扎实实的问题解决过程，实际也是一个追寻高斯思维历程的曼妙过程。

而对于本节课来说，问题 7 的设计是谋求更高境界的育人。高斯之所以快速准确地解决了这个问题，从数学算理上分析，它体现了高斯精妙的运算技巧，即创造性地利用加法交换律和结合律，实现加法向乘法转化；从思维品质上分析，体现了高斯精美的数学思维，即思维的变通性——

坚持追求简单算法，思维的直觉性——能发现数字内在和谐，思维的概括性——去探寻普遍规律；而从数学观念意识上解读，这里蕴含着高斯对数学的"序"的概念以及"对称"与"守恒"等特征的一种审美直觉和深刻理解，也反映出高斯面对看似复杂烦琐的数学问题时所表现出的坚定信念和创造欲望。为此，让学生在经历了追寻高斯思维历程的实践体验后，再归纳分析高斯的思维历程，是让学生走进高斯思维脉络和精神世界的一个过程。在这一过程中，学生不仅获得解决数学问题的方法论启迪，而且经历了一次与高斯进行有关数学精神的对话和交流的过程。

追寻数学家的精神踪迹，就是还原数学家的创造历程——即数学家真正的思维过程是怎样的，他们有着怎样坚定的数学信念、怎样火热的数学思考、怎样的理性思维和审美直觉，走了哪些弯路，遇到了什么困难，通过哪些途径克服了困难，发现和创造的心理规律如何，等等。所以，追寻数学家的精神踪迹，可以深刻体会数学家的创造思想，汲取数学家的创造精神，实践数学的"再发现"与"再创造"。不仅如此，追寻数学家精神踪迹的过程，也是学生将数学思想内化于心灵深处的过程，更是学生求真、向善、创美的过程。从这个意义上说，这是彰显数学文化价值、发挥数学育人力量的最高层次，也是高品质数学文化课的最高境界！

让学生学会"数学地想"
——好玩的一笔画 ①

 课堂感悟

当你们像一群开心的小鸟被我领进"数学文化"这片茂密葱郁的森林时，你们浑然不知但却因好玩而欢呼雀跃着。森林中难免大雾弥漫，却不能阻挡住你们想象和探索的翅膀。你们终见那一米阳光，流连忘返，不虚此行！

——执教教师 张惠云

老师，偷偷告诉您一个小秘密，我怎么觉得我以后也有当数学家的潜质呢？之前我可从来没想过，但是今天我居然能像数学家欧拉一样解决了"哥尼斯堡七桥问题"，还是相当有成就感的。您说这叫数学文化课，别说还真挺有意思的，我喜欢。

——三年级学生 曾婉菁

---

① 此课例作为"数学课堂如何立德树人"的精品创新课，在中国教育电视台2020年课堂直播栏目《同上一堂课·名师课堂》上展播。课程设计：李铁安；执教教师：张惠云，北京小学大连经济技术开发区华润海中国分校教师。本课适用于小学四至六年级。

　　高品质数学课堂的一个显著标志是让学生学会"数学地想"。为此，教师首先需要了解学生面对数学问题情境时可能会怎样想，为什么会那样想；更重要的是，教师必须在尊重学生的想法、给学生产生和外显想法机会的基础上，启发、引导和塑造学生的想法，让学生真正领悟数学应该怎样想。

　　事实上，无论是在理解和掌握数学基础知识的过程中，还是在发现、提出数学问题和分析、解决数学问题的过程中，学生都可能会有许多丰富的想法。有的想法虽天真但是可爱，有的想法虽拙朴但是深刻，有的想法虽突兀但是奇特，有的想法虽简单但是精致……

　　充分鼓励学生的想法，对呵护学生的心灵、感染学生的情感以至培育学生的创造力无疑非常重要，但更重要的是，要让学生在对各种想法的判断、比较、反思中，感知、体验和历练什么是赏心悦目的思维，什么是赏心悦目的数学思维。良好的数学教育需要高品质的教学，高品质的教学主要体现在对学生数学化思维的塑造上。

　　很难想象：一个任想法飞扬而没有思维张力和对思维进行审美判断的数学课堂，且不说是否有"去数学化"之嫌，它究竟怎样有效地实现数学课程的目标，而更需沉思：在教学过程中，是不是应该尽量在有限的时空里给予学生更多感知、体验和历练赏心悦目的数学思维的机会？

　　"好玩的一笔画"是以大数学家欧拉解决数学史上非常著名的"哥尼斯堡七桥问题"（简称"七桥问题"）为线索展开的一个数学文化内容。这个内容的文化要素和育人要素是什么？如何把静态的结论性内容转化成动态的开放性问题？如何精巧地搭建出符合学科内在逻辑和学生认知逻辑的问题结构？这些是每一个执教者都应深思的问题。

　　这个内容不是简单地让学生了解数学史上著名的"七桥问题"是欧拉把它转化成一笔画问题解决的，也不仅仅是让学生探究能一笔画图形

的规律，重要的是让学生经历一个发现、提出问题和分析、解决问题的
完满的过程，并在探索的过程中引导学生"能用数学的眼光观察世界，
用数学的思维分析世界，用数学的语言描述世界"。从这个意义上讲，
这节课的育人价值就集中体现在让学生学会"数学地想"。

教学过程

环节一：创作及判断图形能否一笔画——明确何为一笔画

师：（一边在屏幕上动态展示一笔写出"好玩"两个字的过程，一边
与学生交流。）同学们看，这两个字认识吗？（见下图）

生1：认识！是"好玩"两个字。

生2：我发现"好玩"这两个字是一笔写出来的。

师：一笔连着写出了"好玩"两个字，确实挺好玩。今天我们一起
走进"好玩的一笔画"。

师：大家看，我用一笔画创作了一个图形，这是什么？（学生回
答。）是的，老师用一笔画出了一个向上指的箭头。你们能用一笔画出
怎样的图形呢？自己试一试！

（学生交流各自的作品，见下页图。）

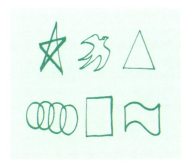

师：哦，这么多图案都能用简单的一笔画出来，你们的想象和创意都很独特。下面同学们再认真看看这些图形。想一想，试一试，能一笔画出来吗？（见下图）

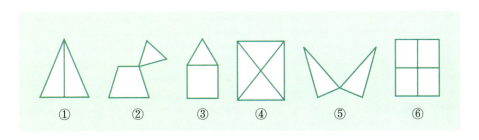

生3：第一幅图能一笔画，我是这样画的。（见下图，圆圈代表画的起点，余同）

生4：我还有其他的画法，这样画也是可以的。（见下图）

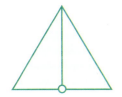

生5：我试过从其他的两个点开始，都不行。

师：你们尝试从每个点开始进行一笔画，这个想法挺好。

生6：第二幅图和第五幅图从哪个点开始画都行，只要所有的线绕着走一圈就可以啦！

师：从哪个点画都行！你的发现太奇妙了！

生7：第三幅图也能一笔画，从这两个点开始都是可以的。（见下图）

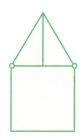

师：是啊，这个图形能一笔画，也确实只有这两个点能走通。

生8：第四幅图我尝试了从所有的点开始画，但发现无论从哪个点开始都不能一笔画，大家看。（展示图片，见下图）

生9：第六幅图也不能一笔画，怎么画都少一条线。

师：能或者不能一笔画成，这里面会不会藏着什么秘密呢？再看下面这幅图，好好观察一下，也可以试着在头脑里操作一下，它能一笔画吗？

生 10： 这个图形看起来是可以一笔画的，但我试了一下，先从一个点开始，还剩一条线走不到。我继续试，还是不行……。我把所有的点试过了都不行，所以这个图形是没有办法一笔画的。（见下图）

师： 说得太好了，思考很严谨。

环节二：探究一笔画图形是否有规律可循——确立奇偶点并明确规律

师： 同学们，我很好奇，你们在试的过程中都有什么感觉呢？

生 1： 感觉很绕，很神奇。

生 2： 感觉像走迷宫一样，但很有意思。

生 3： 有时候用眼睛看能够一笔画，但是实际画却不行。

生 4： 在画的过程中有时候还挺着急，试了好多次，真想一次成功。如果能有规律就好了。

师： 是啊，如果有规律是不是就会简单很多呢？那我们就带着这样的思考，继续探索图形能够一笔画与什么有关系。

（学生回答略。）

师：有的猜与点有关，有的猜与线有关，有的猜与点和线都有关，看来这些猜测都很有道理。那么我们就从这些猜测入手吧！

师：以第一个图形为例来探究，这个图有 4 个点，将每个点分别用字母 A、B、C、D 表示，每个点都能引出线，大家研究一下这些点和线，看看有什么发现？（见下图）

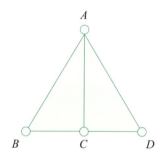

生 5：我从 A 点和 C 点可以引出 3 条线，从 B 点和 D 点可以引出 2 条线。

师：如果从一个点引出的线是单数条，这个点我们称为奇点；如果从一个点引出的线是双数条，这个点我们称为偶点。

生 6：就是说这个图形中有 2 个奇点、2 个偶点。

环节三：使用规律判断图形——揭示"七桥问题"历史背景

师：我们已经能够数出图形中的奇、偶点个数，但是它们和能一笔画出的图形又有什么关系呢？请自主完成表格，并探索其中的规律。

（学生探究并填写表格，结果见下页表格。）

图形	奇点（个数）	偶点（个数）	能否一笔画
	2	2	√
	0	6	√
	2	3	√
	4	1	×
	0	5	√
	4	5	×
	4	0	×

生1：我们需要探究的是能一笔画的图形与奇点和偶点有什么样的关系。这个表格里还包含不能一笔画的图形，我觉得只展示一笔画图形会更好。

师：这个想法太好了，那我们就像你说的这样展示。（见下表）你有哪些发现呢？

图形	奇点（个数）	偶点（个数）	能否一笔画
	2	2	√
	0	6	√
	2	3	√
	0	5	√

生 2：我看偶点个数是 2、6、3、5，好像没有什么规律。

生 3：我发现奇点个数都是双数。

生 4：我感觉是不对的，（上页上方）表格中不能一笔画的图形的奇点个数都是 4。

师：你用举反例的方法进行证明，看来奇点个数是双数的未必都能一笔画呀！

生 5：我发现奇点个数是 0 或 2 的就能一笔画。

师：真的是这样吗？用这个规律来判断一下这两个图形能不能一笔画，判断后再动笔画一画。（见下图）

生 6：第一个图形有 2 个奇点，能一笔画。我画了一下，确实能。

生 7：第二个图形中有 4 个奇点，不能一笔画。我尝试了很多次，还真不能一笔画。

师：看来我们探究出的规律还挺好用的。还记得这个图形吧，请你们再利用我们发现的规律来判断一下。（见下图）

生 8：不能一笔画，因为这个图中有 4 个奇点。

师：是啊！那么你们知道吗，这幅图——就是你们最初看起来很乱很烦，后来看起来又很清晰很可爱的这幅图，在它的背后，还有一段激动人心的故事呢！

[背景语音＋动画展示：18世纪，哥尼斯堡有一条河，河中有两个小岛。全城被河分割成四块陆地，河上架有七座桥。当时许多市民在思索一个问题：一个人能否从某一个地点出发，不重复地走遍所有的桥。这就是历史上著名的"哥尼斯堡七桥问题"。（见下图）最后，瑞士大数学家欧拉把这一"七桥问题"转化为图形能否一笔画的问题。]

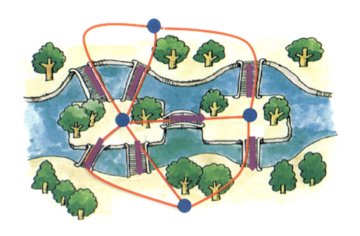

师：我们今天所经历的实际上就是数学家经历的，通过奇、偶点判断图形能否一笔画，由此顺利地解决了"七桥问题"。

环节四：借助规律解决洒水车行走路线问题——发现奇点为0或2的起止点不同

师：其实生活中还有很多这样的问题。例如，洒水车要给这两个街道洒水，仔细看图，能不能从每个点出发，不重复地洒遍所有的路呢？（见下页图）

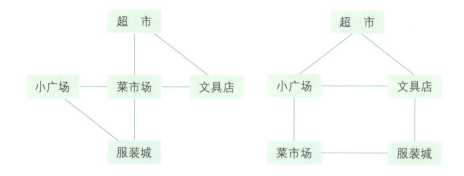

生1：第一幅图可以从每个点出发洒遍所有的路，第二幅图只有从两个点出发能洒遍所有的路，其他点都是不可以的。

师：是这样吗？（动态展示所有点的行走路径。）

师：你还有哪些发现？

生2：我发现第一幅图从每个点出发都回到了出发点，第二个图形没有回到出发点。

师：真是这样啊！这两幅图的起止点不同。

生3：我发现了第一个图形的奇点数是0，第二个图形的奇点数是2。

生4：也就是说，奇点数是0的图形从哪个点开始都可以一笔画，从起点开始最终回到起点。对于奇点数是2的图形，那就只能从一个奇点开始，到另外一个奇点结束，而且只能从那两个奇点画才能一笔画。

环节五：根据规律尝试改造"七桥问题"使之可以一次走完

师：下面我们再来玩一玩！玩什么呢？之前老师在教这节课时，曾经有一位同学好奇地提出：能不能把无法一笔画的图形变成能够一笔画的图形呢？这是不是也很有意思？我们就拿"七桥问题"来试一试！

（学生的作品及交流过程略。）

师：我们今天共同学习了好玩的一笔画。一笔画好玩，对这个问题的探究过程更好玩！我们经历了一次充实而愉悦的数学文化之旅！最后我要告诉你们一个小秘密——今天的课也让老师感到特别充实和愉悦，所以我要谢谢同学们啊！再见！

🔺 育人意蕴

本节课在创新性上做了一些探索与突破。

开课情境引入"新"。一开课，教师就出示了一笔写成的两个字"好玩"。之后问学生"什么字"，学生说"好玩"。教师自然引出"一笔连着写出了'好玩'两个字，确实挺好玩"。这个略带俏皮的设计能让学生初步感受一笔画图形，同时也告诉学生这节课是要"玩"数学。简单的设计恰到好处，它既能唤起学生的认知，又能迅速调整好学生的学习状态。

问题结构搭建"新"。课程内容要"问题化"才能成为教学内容，教学内容要"逻辑化"才能成为学习内容。本节课子问题的逻辑路径是：

1. 在学生尝试一笔画的基础上，给出一些图形，让学生判断可否一笔画出；

2. 特别给出"哥尼斯堡七桥问题"的抽象图，让学生判断可否一笔画出；

3. 再给出图形，让学生探究什么样的图形能够一笔画出；

4. 让学生通过分类，概括出"奇点"和"偶点"的概念；

5. 让学生归纳出一笔画与偶点个数无关，只与奇点个数有关（0或2）；

6. 给出"七桥问题"的抽象图，让学生揭示为什么不能一笔画出；

7. 介绍"七桥问题"，让学生抽象出结构图；

8. 让学生应用特征规律解决实际问题，并探究归纳奇点个数是0或

185

2 的图形一笔画出的路径特征；

9. 探索如何把不能一笔画的图形升级为可以一笔画的图形（以"七桥问题"为例）。

问题1—5直接指向核心问题——能够一笔画的图形具有什么特征。其中前两个问题重在实践感知，让学生通过自己画一画、想一想、试一试，形成对一笔画图形的初步认识；后三个问题则在感知的基础上，通过列表、分类、归纳，得出结论。这是一个培养学生从形象思维向逻辑思维过渡的完整的过程。问题6、7是要建立起数学模型和现实问题之间的联系，"七桥问题"从抽象图到结构图再回到抽象图，学生在经历数学家思考过程的同时体会到数学从生活中来再回到生活中去。后面两个问题指向具体应用，在解决实际问题时进一步理解规律并从更深层次对问题进行追问、反思和创造。

结构化和逻辑化的问题为学生提供了充满学习意义的有利资源和有力抓手，让学生经历完满的学习过程成为可能。同时，学生的数学核心素养在结构化和逻辑化问题的导引下得到有效发展。

数学史料处理"新"。在数学文化课上，隐性的数学史料要成为显性的教学内容。因此，对数学史料的设计处理往往决定一节数学文化课的高度。本节课教学中三次出现"七桥问题"：第一次直接出示数学模型——抽象图，让学生尝试探索能否一笔画，初步感知；第二次在让学生用规律直接判断抽象图能否一笔画后出示现实问题，讲解现实问题后再让学生尝试建立抽象图和结构图之间的联系；第三次结合模型和现实问题让学生再创造，看怎样能改造成一笔画，即能不重复不遗漏走完所有的桥。这是一种极为巧妙的创新！"七桥问题"的每一次出现都独具匠心，别有意味。设计上把数学史料作为课堂教学主线，充分用好用透，课程内容充满了文化意蕴。

学生活动过程"新"。由于教师基于具体问题科学地组织教学，学生的学习方式就变得灵活有效，学生的思维体验和情感体验就变得生动有趣。在本节课开始阶段学生动手尝试哪些图形能一笔画时，教师没有满足于学生的浅尝辄止，而是充分引导，让学生初步感知能一笔画的图形的不同画法。在得到规律解决实际应用"洒水车不重复不遗漏洒水"的两个具体问题后，教师有意留白，给学生足够的思考时间让学生顿悟。果然，学生恍然大悟，激动不已，发现能一笔画的图形有不同画法是因为一种图形奇点的个数是0，一种图形奇点的个数是2。首尾照应，水到渠成，学生的认知体验和情感体验都得到了强化。

在对能一笔画图形的规律提炼过程中，教师很好地引导学生观察一组图形的列表："认真观察，你有什么发现？"学生首先发现，去掉不能一笔画的图形可以让表格变得更简洁直观。在教师精妙的评价中，学生的思维火花完全被点燃，又通过举反例的方法聚焦到奇点的个数是0和2上。在此过程中，师生、生生的信息交流渠道完全被打开，学生既能在教师的预设下独立思考问题，不断地追问和反思，又能在同伴生成的启发下，多角度思考问题，完善自己对问题的理解和解决。此时，学习真正发生！

蜜蜂：天才的工程师

——蜂房结构的几何奥秘 [①]

 课堂感悟

数学文化课的魅力让"小数学家们"对大自然的数学奥秘赞叹不已，更感受到了丰富的数学内涵。我想，数学课程资源理应如此丰富多彩，唤醒学生，让学生喜欢数学，痴迷于数学！

——执教教师　刘　余

我发现家里墙壁上贴的是正六边形瓷砖。我和妈妈说："蜜蜂的蜂房里面就长这个样子。蜜蜂是建筑高手，对蜂房用正六边形是'算'过的呢。"妈妈听完我讲后惊讶地说："原来蜂房还有这么多数学学问。"

——五年级学生　闫筱泠

蜜蜂——辛勤劳作的蜜蜂，团结协作的蜜蜂，无私奉献的蜜蜂，以

---

① 本课例曾获全国数学教育研究会等主办的 2017 年"小学数学文化"课程教学观摩研讨会展示课一等奖。课程设计：李铁安；执教教师：刘余，辽宁省大连高新技术产业园区中心小学数学高级教师。本课适用于小学四至六年级。

及充满灵性的蜜蜂，是昆虫界天才的几何学家和工程师。蜂房就是它们的数学智慧结晶。

蜜蜂蜂房由正六棱柱形的中空储藏室联结而成，一端开口是连续紧凑、排列整齐的正六边形，另一端底部由三个全等的菱形拼成，每个菱形的锐角是 70°32′、钝角是 109°28′。经过数学家的精密计算，蜂房结构是最经济的构造，即容量最大，用料最省。蜂房还具有美观、受力均匀等优点，极为坚固。达尔文称赞蜜蜂的建筑艺术，说它是"天才的工程师"。马克思也高度评价它，认为蜜蜂建筑蜂房的本领使人间的许多建筑师感到惭愧。

蜜蜂的蜂房中蕴含着极值理论、优化思想等丰富的数学内涵。20 世纪 60 年代，华罗庚先生就将"蜂房结构"的初等解法介绍给高中生，揭秘小小蜜蜂的惊人智慧，足见这一问题的意义和价值。那么，小学高年级学生又会如何破解蜂房的数学创意？本节课将是一场令人期待的探索之旅。

教学过程

环节一：初识蜂房结构

师：同学们，让我们从一首唐诗开始我们今天的数学课。

蜂

【唐】罗隐

不论平地与山尖，无限风光尽被占。

采得百花成蜜后，为谁辛苦为谁甜？

师：这首诗写的是谁呢？

生：蜜蜂。

师：小蜜蜂不但会酿蜜，还是一位了不起的建筑高手呢。你看，这是什么？

生：蜂房。（见下图）

师：仔细看看，它里面的结构有什么特点呢？

生1：看上去都是一样的图形。

生2：应该是六边形，每条边都相等。

生3：它们一点空隙都没有，铺得很工整。（见下图）

师：是啊！看，这就是蜂房的截面图。六边形的每条边都相等，每个角也都相等，我们称它为正六边形。铺得这么匀称、这么工整，是不是很美呀？自古以来，从哲学家亚里士多德，到数学家帕波斯，再到近代的生物学家达尔文，都对蜜蜂建造蜂房的本领赞扬有加，称蜜蜂为昆虫界的"几何高手"！孩子，你举手有什么问题吗？

生4：为什么说蜜蜂是"几何高手"呢？它会数学吗？

生5：蜜蜂为什么用正六边形建造蜂房呢？

生6：我也想问，蜜蜂怎么不用别的图形呢？

师：你们的问题真好！蜜蜂为什么对正六边形情有独钟呢？说说看。

生7：我觉得可能是用正六边形建造房子很漂亮，还比较省材料。

生8：我觉得正六边形可以密铺，中间没有空隙，这样蜂蜜就不会有杂质了。

师：密铺、省材料这些想法真好。这节课我们可得一起来好好研究研究。

环节二：探究密铺学问

师：来，谁能说说什么是密铺？

生1：密铺就是形状、大小完全相同的图形拼在一起。

生2：我给补充一下。图形之间没有空隙，也不能重叠。

师：对，大家想想，密铺与图形的什么有关呢？

生3：我觉得和它的边有关，边相等才能重合。

生4：我觉得还要看它们拼接的地方，围起来的角正好是360°才行。（见下图）

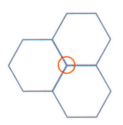

师：同学们，你们观察得可真仔细。猜猜看，正六边形的一个内角是多少度呢？

生5：120°。因为公共点上3个角的度数正好是360°，所以一个角

的度数 $=360° \div 3=120°$。

师：正六边形的内角真的是120°吗？我们来单独算一算。

（学生独立探索，组内交流；教师巡视，收集有代表性的方法。）

师：算出来了吧？我们来交流一下。

生6：我把正六边形分成了四个三角形，每个三角形的内角和是180°，四个三角形的内角和是720°，正好是正六边形的内角和。正六边形的六个内角都相等，所以一个内角等于120°。（见下图）

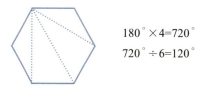

$180° \times 4=720°$
$720° \div 6=120°$

师：讲得很有条理。就像这样，我们还可以把它分割成其他学过的图形。比如，可以把它分割成两个梯形，四边形的内角和是360°；还可以把它分割成两个三角形和一个长方形：通过计算可以得到正六边形的内角和是720°。（见下图）

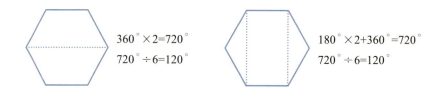

$360° \times 2=720°$
$720° \div 6=120°$

$180° \times 2+360°=720°$
$720° \div 6=120°$

师：老师刚才还看到一个同学是这样分割的，挺独特的，我们一起来看看。

生7：我把正六边形平均分成了六个三角形，每个三角形都是等边三角形，等边三角形的每个角是60°，所以正六边形的一个内角等于

120°。（见下图）

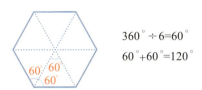

$$360° \div 6 = 60°$$
$$60° + 60° = 120°$$

师：这种方法可以吗？

生：可以。

生8：我有一个疑问，每个三角形都是等边三角形吗？

师：问得好，虽然现在我们不能证明它，但老师可以告诉大家，由于正六边形的对称性，对应顶点相连的线段正好相交于一点，分割成的确实是等边三角形。

生9：我也是这样分割的，但是计算方法不一样。先求出六个三角形的内角和是1080°，再减去中间的360°，剩下的就是正六边形的内角和720°。（见下图）

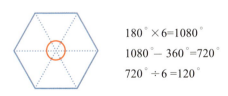

$$180° \times 6 = 1080°$$
$$1080° - 360° = 720°$$
$$720° \div 6 = 120°$$

生10：为什么减去360°呢？

生9：因为中间部分的周角不属于正六边形的内角。

生10：明白了，谢谢你。

师：通过同学们的努力，算出了正六边形的一个内角等于120°（见下图），这说明了什么？

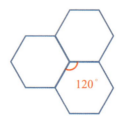

生 11：　说明正六边形确实可以密铺。

生 12：　每个公共点正好用 3 个内角。

师：　心服口服，这下足以证明蜂房的正六边形可以密铺了。

环节三：探究等周问题

师：　蜜蜂对正六边形情有独钟，难道仅仅是因为密铺？大家还有没有疑问？

生 1：　三角形也能密铺呀！

生 2：　还有正方形。

师：　对呀，我们可以试一试，如果用等边三角形建造蜂房，会是什么样子？用正方形呢？（见下图）

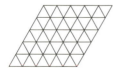 

师：　看看密铺得这么工整！蜜蜂怎么不用这两种图形呢？

生 3：　我觉得正六边形比这两种图形的面积大。

生 4：　我也觉得正六边形蜂房能放更多的蜂蜜。

生 5： 还有可能是用的材料少。

师： 说得太好了！顺着大家的思路，我们去比比看。蜜蜂用的建筑材料是蜂蜡，如果用同样多的蜂蜡去搭蜂房，搭成什么图形可以使面积最大，我们来研究研究好不好？

生： 好。

师： 其实就是解决什么数学问题呢？

生 6： 周长相等的情况下，哪种图形面积最大。

师： 说得对。那么假设周长是多少好呢？

生 7：12 cm。取它们的边数 3、4、6 的最小公倍数。

生 8： 我也假设 12 cm，这样边长好计算。

师： 好办法。那么它们的边长分别是多少？

生 9： 等边三角形的边长是 4 cm，正方形的边长是 3 cm，正六边形的边长是 2 cm。

师： 好，开始比一比哪个图形的面积最大吧！（见下图）课前老师给小组发了小棒、方格纸，先自己想办法比一比，再借助学具进行组内探究。

师： 哪个小组派代表上来交流？

生 10： 我先算出了三角形的面积 4×4÷2=8（cm²），正方形的面积 3×3=9（cm²）。正六边形的面积没有算出来，用 2 厘米的小棒在方格纸上围成正六边形，发现面积约等于 10 cm²。（见下页图）

4cm　　　4cm　　　3cm　　　2cm

生11：不对，三角形的面积是底×高÷2，等边三角形的边是 4 cm，它的高比 4 cm 小，因为直角三角形里垂直的边比斜的边要短。

生12：对呀，点到直线的距离中垂线段最短，高不可能是 4 cm。

生13：求不出三角形的高，就不能用公式计算了。但可以得出等边三角形的面积小于 8 cm²，比正方形的面积 9 cm² 小。

生14：我们用 4 cm 的小棒在方格纸上围成了等边三角形，面积大约是 7 cm²，确实比正方形的面积小，面积最大的是正六边形。

师：同学们可真了不起！我们以往算数学题的时候，得不到准确答案从不放手。但是今天你们能根据条件推出三角形面积小于 8 cm² 就可做出判断，这说明你们对数学又有了更高水平的认识，真好！观察结果，说说你的发现。

生15：蜜蜂搭建的正六边形的面积最大。

生16：周长相等的情况下，边数越多，面积就越大。

生17：可是，正八边形呢？正十二边形呢？边数更多的呢？

生18：边数越来越大，就能接近圆了，面积会更大。

师：想想，蜜蜂为何不选用边数多的图形或者干脆用圆来做蜂房呢？

生19：圆不能密铺，有缝隙。

生20：是不是它们不能密铺呀？

师：是的。课后，同学们可以用我们这节课的方法继续探究其他正多边形的密铺情况。现在谁能再来说一说蜜蜂为什么选择正六边形呢？

生21：正六边形可以密铺，而且它的面积最大。

生22：应该说可以密铺的正多边形中，周长相等时，正六边形的面积最大。

生23：就是用正六边形最省材料。

师：大家真了不起，用数学知识解读了蜂房的正六边形结构设计理念。

环节四：拓展与应用

师：不仅如此，蜜蜂的蜂房还有其他特别之处呢！我们一起来看视频。（播放介绍蜂房的顶部结构和两侧储藏室的倾斜角度的视频，见下图。）

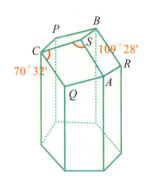

师：有什么感受？

生1：小蜜蜂太了不起了，像一个数学家。

生2：它搭建房子时还计算呢，真想不到！

师：是啊，小蜜蜂花费最少的力气、最少的建筑材料，住的房子还最宽敞！所以，蜜蜂绝对称得上是昆虫界的"几何高手"！

师：蜜蜂还是我们人类的导师呢！蜂房结构被广泛地应用于各个领域，常见的有蜂窝纸板。采用蜂窝结构有哪些好处呢？（见下页图）

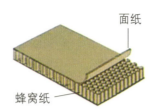

面纸

蜂窝纸

生：重量轻、强度高、缓冲好、抗震能力强、隔音隔热、安全、100% 可回收！（见下图）

师：航天飞机内部也采用了蜂窝结构。蜂窝式航天器的结构强度很高，重量又很轻，还有利于隔音和隔热。在当今时代，蜂窝移动通信技术在我们生活中也必不可少。（见下图）

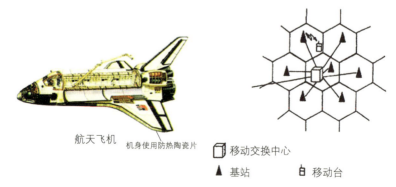

航天飞机　机身使用防热陶瓷片

⬛ 移动交换中心

▲ 基站　　⬜ 移动台

师：除了蜜蜂，大自然中还有很多动物和植物用数学方法选择了最

好的生存方式，如向日葵、蜘蛛、珊瑚等。（见下图）

师：孩子们，数学就在我们身边，希望大家今后也能用数学的眼光看世界。最后与大家分享中国教育科学研究院李铁安博士的一句话：你可以喜欢数学，你也可以厌恶数学，但你的生活中决然不能没有数学。假如没有数学，你的生活将是无法想象的！

🔵 育人意蕴[①]

弗赖登塔尔关于"现实数学教育（Realistic Mathematics Education）"的理念提倡，让儿童透过生活事件的活动，应用数学知识，并从经验中察觉数学的关系与定律。国际学生评估项目（PISA）测验中的数学测试题主要以学生在真实生活中能够遇到的情境为背景，旨在培养学生迎接未来复杂问题挑战的素养。由此，在小学数学教学中引入生活实际中的真实问题亦有多方面的育人价值。首先，真实问题与生活息息相关，学生能够真切地体会到"数学有用"，认识到数学对人类文明的贡献；真实问题让学科数学回归生活世界，学生从过去的"学习者"变为积极的探究者，展开真思维，培养真能力；真实问题的复杂性和开放性容易激发学生再创造的潜能，有利于把学生的精神空间塑造得更加广阔、高远、深厚而灵慧。

---

① 此部分由大连大学教育学院副教授赵弘博士撰写。

本节课由一首歌咏蜜蜂的唐诗出发，随着老师提出问题"仔细看看，它（蜂房）里面的结构有什么特点呢？"，学生的好奇心和求知欲被充分调动，原来司空见惯的生活现象中还隐藏着数学的"秘密"。"蜜蜂为什么用正六边形建造蜂房呢？"这是从现实情境到数学抽象的飞跃，也是数学建模的第一步。经过师生的分析与讨论，问题聚焦为本节课的第一个核心问题：为什么正六边形是可以密铺的？

此时，学生的生活经验知识与形式化的数学概念对接，为建立数学模型解决问题奠定了基础。三个问题环环相扣，抽象升级，不断激发着学生向更高层次的"数学化"迈进——这里的"数学化"不仅是应用数学知识，也是用数学的眼光观察世界，用数学的语言表达问题，以及用数学"再创造"解决问题的过程。

亲历了发现问题、提出问题过程的学生，此时化身为一个个小数学家，惊喜地发现了多种证明正六边形内角为120°的方法，从而说明正六边形是密铺图形。教师及时肯定了学生的每一种方法，并且鼓励学生有条理、有根据地思考和表达自己的推理过程，其中渗透着演绎推理思想的形式和步骤。对数学本质的认识正是在这样不断抽象、概括和模式化的过程中发展起来的。此时，学生的收获已经远远超越了问题的结论，更有独立思考的创新精神、严谨求实的科学态度和数学学习的信心。

正当学生沉浸在解决问题后的喜悦和快乐之时，教师又抛出问题："蜜蜂对正六边形情有独钟，难道仅仅是因为密铺？大家还有没有疑问？"认知冲突的出现，迫使学生深入思考，于是第二个核心问题"周长相同的情况下，为什么正六边形的面积最大？"产生了。真正解答这个问题，非高年级小学生的能力所及。为此，教师遵循学生的认知规律，对问题进行了教学加工，引导学生通过摆小棒、测量、计算等数学活动，归纳得到规律：在正三角形、正方形、正六边形等密铺图形中，周长一定的情况下，边数越多，面积就越大。由此成功解码了蜂房的数学创意。教师将动手操作活动融入问题解决，学生通过猜想、推理和验证，厘清要解决的问题，明晰问题的含义，直至解决问题，给课堂增添了智慧和创新的活力。

回顾问题解决的过程，教师的提问起到了至关重要的作用，比如："大家想想，密铺与图形的什么有关呢？""猜猜看，正六边形的一个内角是多少度呢？""如果用同样多的蜂蜡去搭蜂房，搭成什么图形可以使面积最大？"等等，提问化解了真实问题的难度，引导学生分步骤解决子问题，逐渐接近真实问题的实质；提问还激活了学生头脑中原有的知识积累，如密铺、等周问题等，并借助推理、转化和数学模型等思想方法，将它们串联成知识网络。这种横向的"数学化"使得学生已有的知识结构得到重组和优化，并在真实的情境中具有了真实的意义。

教师的提问也激发着学生自己不断提出新的问题，加上教师的即时性评价，学生在质疑、反问等多种思维活动的参与下，获得了富有生命力的数学知识，有效地发展了科学探究的精神。这是本节课的另一个亮点。

为学生创设想象和创造空间
——"坐标方格"里的数学规律 [①]

 课堂感悟

当我说"下课了",学生们还不肯起立说再见,仍沉浸在探究奥妙的氛围中时,我也瞬间被感动,数学文化课的魅力由此可见。它用迷人的人文光芒和丰厚的课程内涵深深吸引走近它的老师和孩子们,让我们乐此不疲地去挖掘它的"宝藏",成为幸福的数学人。

——执教教师 孔玥

这小格子图真有意思,就像个万花筒,放进去的东西不同,变换出的规律就千变万化。我们就是背后操控它的魔术师。

——四年级学生 都帅锜

设计如下格式的一个方格图:正方形,有 25 个方格,对应 1—25 这 25 个数字,以左下角的 1 开始,以右上角的 25 结束。显见,图中数字

---

① 该课例在首届"数学文化进课堂"国际论坛(2017 年)中展示。课程设计:李铁安;执教教师:孔玥,辽宁省大连经济技术开发区红梅小学高级教师,辽宁省小学数学骨干教师。本课适用于小学三至六年级。

的排列向右上方移动是数值增加的变换，向左下方是数值减少的变换，这样的方格图可以称为"坐标方格"。（见下图）

21	22	23	24	25
16	17	18	19	20
11	12	13	14	15
6	7	8	9	10
1	2	3	4	5

"'坐标方格'里的数学规律"这节课的主要内容是探索、应用并创造"坐标方格"中的数学规律。"坐标方格"本身就是一个崭新的创造。在相同行数和列数的方格图中，将自然数有规律地排列其间，使横看依次有规律地递增，竖看也有规律地递增，仿佛将数置于一个二维坐标的正向空间中。因此，这里的数会像万花筒一样变换出诸多有趣的规律。

本课架构为逐层递进的三大板块，以问题为引领，以学生自主参与为主，促进学生探究学习。第一部分是在 25 格的"坐标方格"中探索并应用规律，第二部分是在 100 格的"坐标方格"中探索并应用规律，第三部分是在"创意大比拼"的数学活动中自主创造"坐标方格"。每个部分内容的开展都以学生独立思考、合作交流为主，教师适时发挥主导作用，引领学生反思、提升。这样的设计让学生的思维有张有弛，收放自如。探索 25 格中数的规律是"放"——让学生放开，尽情去探索发现，在应用规律进行"猜数游戏"时，引导学生打开解决问题的思路，运用多种策略解决问题。探索 100 格中数的规律是"收"——按规律填出 100 个数后，从横、纵、斜向上发现数的规律，这是学生比照 25 格中数的规律完全可以做到的近迁移。在填数活动中，每一个学生都带着问题扎扎实实地去思考、去探究、去交流，也把规律应用得淋漓尽致。最后"创意大比拼"的环节又是"放"——让学生放飞思维，尽情创造，分享创造，在保持"坐标方格"本质属性的前提下，设计有规律的数的排列，实现思维的飞跃。在学生自由创造之后，再引领他们感受斐波那契数列，感受《棋盘上的粮食》中的奥妙，进一步激发学生的好奇心、探究欲，使学生又带着新的问题走出课堂，走向更广阔的探索空间。

　　本课内容在呼应了教材中关于自然数之间的关系、有规律的数列、确定位置知识的同时，更重要的是彰显了它在培育学生积极情感和思维能力方面的价值。在探索规律的过程中，学生不断提出问题、解决问题，体验抽象思维、逻辑推理、想象创造，感悟归纳、一一对应、建模等数学思想，积累探索规律、解决问题、猜想创造等数学活动经验，产生了数学学习兴趣，增强了自信，感受着数学的文化魅力与独特价值。本课的核心问题是探索、应用并创造"坐标方格"中的数学规律。

教学过程

环节一：感知"坐标方格"

　　师：（微笑地）同学们，我们先做一个小游戏。很简单，就是我在一个方格图中写出一些数，给大家几秒钟时间，比比谁记住的数多。（多媒体出示下页图）计时开始。

10	14	3	24	2
17	7	21	19	20
18	12	13	4	15
6	22	11	9	5
1	25	16	8	23

（学生瞪大眼睛，认真看，认真记，有的学生还悄悄地用手指帮助记数。10秒时间到，报时声响，数字消失。）

师：（微笑着环视学生）想一想，你记住了几个数？

师：记住几个都没有关系。谁来说一说？

生1：我记住了6个数。

生2：我记住了5个数，10、14、3、24、2。

师：（让图中数字再现）看来你是集中精力记住第一行的5个数了。还有谁再说一下？你可以把观察和记忆的过程说一下。

生3：（有些羞涩）我好像记住了10个数。最开始我就看到了最上边的一个数10，然后，我就整体浏览一下，从1开始找，找到后又快速地看，发现有2、3、4、5、6、7、8、9等。其他的想不起来了。

师：（高兴地）真机灵！印象中还有没有11、12这样的数？

生3：应该有！（一些学生也表示"有""好像有"。）

师：很好啊！已经很不错了！同学们一定还想再来一次吧？（多媒体出示下页图，5秒后，数字消失。）

21	22	23	24	25
16	17	18	19	20
11	12	13	14	15
6	7	8	9	10
1	2	3	4	5

师：你们记住了多少个数？（惊讶地）都举手了？

生：全记住了！1、2、3、…、25。

师：是这样吗？好，我们来看看！（课件按 1 至 25 的顺序依次出示各数。）

师：好，全记对了，祝贺你们！游戏结束，我们一起来揭开一个小秘密：其实，刚才记第一幅图中的数时，我给大家的时间是 10 秒钟，最好成绩是记住了 10 个数。而记第二幅图中的数时，我只给了大家 5 秒钟，可大多数同学全记下来了。这是怎么回事？

生 5：因为第二幅图中的数有规律。

师：对。这节课我们就来研究像这样的方格图中数的规律。

环节二：探索 25 格"坐标方格"中的规律

师：（微笑地）同学们，仔细观察第二幅图中的数，你都发现了哪些规律？

现在，请同学们从信封中拿出有第二幅图的任务单，把你发现的规律简要地标记在图上。

（学生自主探究，边观察，边圈画，然后小组交流。）

师：同学们，下面我们进行一场头脑风暴，请大胆地说出你的发现!

生1: 我发现横着是1个比1个多1,竖着是每次加5。

生2: 每隔1行,个位上的数都是一样的。

生3: 这样斜着看,依次多6。(比画1、7、13、19、25这一斜行上的数。)

(教师操作课件,使这些数变红。)

生4: 我补充,6、12、18、24这个斜行上的数也一个比一个多6。

(教师操作演示,使这几个数变蓝。其他学生似乎受到了启发,更多的学生举手了,脸上洋溢着发现的喜悦。)

生5: 还有11、17、23。

生6: 还有2、8、14、20。

生7: 还有3、9、15呢。只要是这样斜着看,就都是这样的。(这名学生有些激动,用手比画着从左下到右上的方向。)

生8: 对,只要是从左下往右上的斜行上的数,都依次多6。

师: (惊喜地)你们真是善于发现的孩子!

生9: 我们组发现5、9、13、17、21依次多4。

生10: 和刚才那个斜行一样,还有10、14、18、22,4、8、12、16,等等,都是这样。只要是从右下往左上看,后面的数都比前一个数多4。

师: (高兴地)非常好,你们都能举一反三了!

生11: 隔行对应的数差10。像1、11、21,2、12、22,6和16以及7和17等。

生12: 我发现最后一列数都是5的倍数。

生13: 我们组刚才还算了,每一行的数加起来的和依次差25。

师: (故作疑惑状)这又是为什么呢?

（学生陷入了沉思，有的还在动笔算。沉寂了大约30秒。）

生14：（特别兴奋）我知道为什么了！举个例子，大家看，6比1多5，7比2多5，依此类推，第二行的数共比第一行的数多出5个5，和就多出五五二十五啦。（其他同学恍然大悟，情不自禁地为他鼓掌。）

师：（竖起大拇指，佩服地说）啊！你还能这样思考，真了不起！

生15：我还想说，你们这样拐弯看，1、7、3、9、5，依次多的是6、4、6、4，也是有规律的。

师：（很感兴趣的样子）还能拐弯看哪！你观察的角度很特别。

生16：我刚才圈了6、7、11、12这四个数，它们横看差1，竖看差5。

生17：交叉看的话，6+12=18，7+11=18，它们的和还一样呢！

师：（有所感悟）嗯，看来有时加一加也有规律呢！

生18：9个数加起来也有规律。我圈的是1、2、3、6、7、8、11、12、13，它们加起来是63，是中间数7的9倍！我还选了其他9个相邻的数，也有这样的规律。

师：（微笑地）同学们再选一组试一试。（学生迫不及待地动笔圈，计算之后纷纷说：真是这样的！）

师：太有趣了！同学们真是善于观察，善于发现，找到了这么多规律。课上的头脑风暴先暂停，课下感兴趣的同学可以继续探究。现在，咱们回过头来梳理一下，刚才我们都是怎样观察的？

生：横着看，竖着看，斜着看，隔行看，拐弯看，交叉看，加加看……

师：（微笑地）真好！我们不仅发现了规律，更分享了观察的方法！现在看，刚才的数没了！（数字隐去，只留方格图）你们是不是能将刚才的25个数对"格"入座呢？好，我们来玩下一个游戏——猜数游戏。

谁来提出一个问题让我们猜猜这里的数呢?

生 19: 最中间那个数是多少呢?

师: 这个问题真好! 最中心位置是多少呢? 说一说思考和推理过程。

(学生想了想, 陆续举起了手。)

生 20: 是 13。大家看, 每行 5 个数, 第三行是从 11 开始数, 就是 12、13。

生 21: 一共是 25 个数, 所以用 25÷2 等于 12, 还多 1 个, 所以 是 13。

生 22: 从第一行 3 开始, 竖着看, 依次加 5, 就是 3、8、13。

生 23: 从左下 1 向右上数, 依次加 6, 就是 7、13。

生 24: 从右下也行, 用 5 依次加 4, 就能知道是 13 了。

师: (满意地点点头) 看来, 同一个问题可以用不同的方法解决。这 个问题先猜到这儿, 你还可以提哪些问题来猜数?

生: 第三行第四列那个格里的数是几? 15 在第几行第几列? 从 25 往下数两格是几? 从 13 往右上数一个格是几? ……

师: 好。小组内互相问一问、猜一猜。(学生互动, 教师巡视。选择 典型问题汇报交流。)

环节三: 探索 100 格 "坐标方格" 中的规律

师: (微笑地) 现在, 让我们来挑战 100 个数的!

师: 根据刚才 25 格里数的排列规律, 你们能试着填出这 100 个数 吗? (学生指名说, 然后教师用课件依次出示 1 至 100 这 100 个数, 即下 页图, 目的是让学生体会 "坐标方格" 中数字横、纵向递增的特征。)

第十行	91	92	93	94	95	96	97	98	99	100
第九行	81	82	83	84	85	86	87	88	89	90
第八行	71	72	73	74	75	76	77	78	79	80
第七行	61	62	63	64	65	66	67	68	69	70
第六行	51	52	53	54	55	56	57	58	59	60
第五行	41	42	43	44	45	46	47	48	49	50
第四行	31	32	33	34	35	36	37	38	39	40
第三行	21	22	23	24	25	26	27	28	29	30
第二行	11	12	13	14	15	16	17	18	19	20
第一行	1	2	3	4	5	6	7	8	9	10
	第一列	第二列	第三列	第四列	第五列	第六列	第七列	第八列	第九列	第十列

师：运用探索 25 格中数的规律的一些方法，你能试着说说 100 格中这些数的规律吗？

（学生先独立思考，同桌交流，再集体交流。）

生 1：我发现从左往右，还是依次加 1；从下到上变了，依次多 10。

生 2：从右下往左上，一个比一个多 9。

生 3：从左下往右上，一个比一个多 11。

生 4：还有最后一列数的个位都是 0。

生 5：每一列数个位上的数都相同。

生 6：每一列十位上的数依次是 1 到 9。

生 7：有一斜行上的数是 11、22、33、44、55、66、77、88、99，个位和十位上的数字相同。

生 8：19、28、37、46、55、64、73、82、91 这一斜行上的数个位和十位上的数字之和都是 10……

师：好，现在这 100 个数又藏起来了（隐去数字），大家是不是能填出这些数呢?

(学生拿出有100个空白方格的任务单,教师通过多媒体出示"坐标方格"和问题,见下图。)

在左图中,填出下列各数:

(1)第五列第五行那个方格中填几?

(2)从第五列第五行的小方格开始,向右上方数一个格,对应的数是几?

(3)从1的位置开始,向上数3格,再向右数5格,对应的数是几?

师:好,第一个问题,谁来填?

生9:是45。

生10:不对,是55。

师:(微笑地环视学生)到底填哪个数,为什么?

生11:应该是45,因为第五行最后一个格里才是50,所以往前数不应该是55,而应是45。

师:好,你的推理能力很强!谁来说一说第二个问题?

生12:是56。因为第六列的数个位上都是6,所以从下往上,依次是6、16、26、36、46、56。

师:(微笑着点点头)还有其他的想法吗?

生13:我是这样想的,刚才我们填了第五列第五行的数是45,因为从左下往右上看，一个比一个多11，所以用45+11=56，一下子就能算出来了。

生14：还可以从第6行最后一个数60往前数4个，就是56。

师：不错，同学们的方法很多。最后一个问题呢？

生15：是36。因为从1往上数三格就是31，再往右数5格就是36。

生16：我是根据第二个数56找的，从它再往下数两格就是36了。

生17：我是根据刚才填的第一个数45找的，从它往右下数一格应该少9，就是36……

师：（微笑地）好，有错的同学改过来。填对的同学想一想，我还可以提哪些问题，该如何解决。

环节四：自主创造"坐标方格"

师：下面，我们要做第三个游戏——创意大比拼！先来看看这个方格图的创意（出示下图），接下来该怎样填？

17	19		
9	11	13	15
1	3	5	7

生：21、23、25、27、29、31。（课件依次出示各数。）

师：同学们，你们是不是也想创造一个有规律的数字方格呢？拿出任务单，从图中选一个方格，开始行动吧。（见下页图）

（学生自主创造，然后组内分享。）

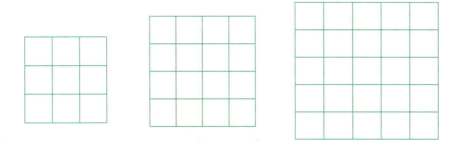

师：好，我们先来看看这几个同学的创意吧。（选择典型作品展示，见下图。）

14	16	18
8	10	12
2	4	6

70	80	90
40	50	60
10	20	30

79	92	106	121
37	46	56	67
11	16	22	29
1	2	4	7

105	110	115	120	125
80	85	90	95	100
55	60	65	70	75
30	35	40	45	50
5	10	15	20	25

师：（微笑地环视学生）同学们真会思考，能自己创造出这么多有创意的数字方格！课后，我们可以办一个"创意方格"展。再来看看这个"创意方格"（见下图），你们发现它的创意所在了吗？

（学生百思不得其解，教师示意小组讨论。）

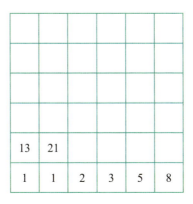

生：我们发现了，1+1=2、1+2=3、2+3=5、3+5=8、5+8=13……

师：（作神秘状）这就是数学史上经典的斐波那契数列。感兴趣的同学课后可以搜集相关资料，进一步去了解它、研究它。最后，老师再给大家讲一个数学故事——《棋盘上的粮食》。（故事略）

（学生听得特别认真，当听到"这些粮食大约够全世界人吃3000多年"时，学生都特别惊讶。）

师：你们想知道这个数字方格（见下图）中的奥秘吗？课余时间也可以查查资料，和老师、同学讨论交流！

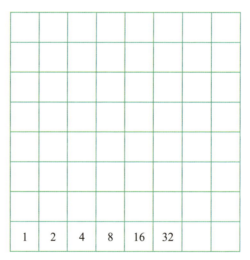

师：同学们，回顾一下这节课，能说说你们有什么感受或者又有哪些新的问题吗？

生1：我觉得学数学挺好玩的，我们发现了很多规律。

生2：我们还用不同的方法解决问题。

生3：我还想再创造一个数字方格。

生4：我想知道"棋盘上的粮食"是怎么算的。

🔵 育人意蕴

认识自然数的特征及自然数之间的关系是小学数学课程的重要内容，对这部分内容的教学，教师通常更多地强调知识与技能上的要求。事实上，对这部分内容的教学，如果巧妙设置问题情境，灵活构造呈现形式，可以为学生创设更开放的想象和创造空间。

让学生探索"坐标方格"中的数学规律并创造"坐标方格"，这是一个以游戏、竞赛等形式进行的探究活动，极易调动学生的好奇心和探究欲。从蕴含的知识内容来看，既包含对自然数之间关系的认识，也包含对确定位置知识的应用。至少，小学四五年级的学生可以领会这些知识。而本课安排在学生学习用数对表示位置之前，学生自然而然地会用第几行第几列来描述数的位置，感受数与格——对应的数学思想，为学习教材中数对知识做了铺垫。

本课最精彩之处是：在学生学习（更准确地说是在"玩"！）这些知识与技能的过程中，为他们创设了充分而开放的数学想象和创造空间。从整个教学设计的过程看，学生不仅能够带着激情去探索那些饶有兴趣的问题，而且在探索那些问题的过程中也应用和体验了丰富的数学思想，充分经历了抽象和归纳的思维过程。许多细微环节反映了教师必须对数学本质与学生学习规律有深刻理解和把握。

教学伊始，教师利用多媒体展示"坐标方格"，10 秒钟后，关闭图像，让学生回忆（要求学生不许在纸上画出来）方格图里数字排列的特征。这样做的意图就是让学生通过想象构建一幅 25 格的"坐标方格"图，并让学生不用再画出"坐标方格"图而直接探索完成后面的那些问题。这样处理的效果是：既可以通过回忆的环节培养学生的想象能力，又可以在探索问题的过程中培养学生的抽象概括能力。当然，在解决那些具体问题的过程中，学生也掌握了多样化的算法，提升了逻辑推理能力。

在让学生自己设计一个有 100 个小方格的"坐标方格"，并按照同样的规律将 1—100 这 100 个数填进小方格中之后，教师又让学生把自己的作品收起来，从材料包中拿出一个有 100 个小方格但没有填写数字的"坐标方格"，随后，教师通过多媒体出示这个"坐标方格"，进而提出问题，让学生动脑和动手操作。这样做不仅使学生经历关于"位置确定"的数学建模历程，而且可以深刻体会——对应的数学思想，同样也可以培养学生的想象能力、抽象概括能力和逻辑推理能力。

另外，在教学结构的设计上，也充分体现了螺旋式上升的原则。这主要体现在：一方面，首先让学生在 25 格的"坐标方格"中寻找数字的排列规律；再让学生通过类比，交流讨论 100 格"坐标方格"中的数字排列规律。另一方面，对这两个内容的问题设计，也突出了由易到难、正反照应、环环相扣的清晰层次。无疑，这对于学生的学习是非常有益的。

尤为可贵的是，孔玥老师这节课很好地调动了学生"数学地想"。首先，孔老师将开发的几个核心问题由易到难、循序渐进地安排，并寓于竞赛、游戏、创造等学生喜爱的学习活动中，使学生自然进入问题情境，不自觉地就在"数学地想"了；其次，孔老师有启发性的课堂教学语言，如"这又是为什么呢？""还有其他的想法吗？"，富有激励性的评价，如"你还能这样思考，真了不起！"，使得课堂组织交互性很强，学生乐于"数学地想"；最后，孔老师还架构了多个展示的平台，使学生享受这种"数学地想"，渐渐地学生就学会"数学地想"了！

笛卡尔，2004 . 笛卡尔思辨哲学 [M]. 尚新建，等译，北京：九州出版社：16.

恩格斯，1972 . 反杜林论 [M]// 中共中央马克思、恩格斯、列宁、斯大林著作编
译局 . 马克思恩格斯选集：第三卷 . 北京：人民出版社：77.

恩格斯，1984 . 恩格斯自然辩证法 [M]. 于光远，等译编 . 北京：人民出版社 .

顾沛，2011 . 南开大学的数学文化课程十年来的探索与实践：兼谈科学教育与人
文教育的融合 [J]. 中国高教研究（9）：92-93.

哈代，2007 . 一个数学家的辩白 [M]. 王希勇，译 . 北京：商务印书馆 .

海德格尔，2000 . 荷尔德林诗的阐释 [M]. 孙周兴，译 . 北京：商务印书馆：24.

黄秦安，2001 . 数学文化观念下的数学素质教育 [J]. 数学教育学报，10（3）：
12-17.

Kapur，1989 . 数学家谈数学本质 [M]. 王庆人，译 . 北京：北京大学出版社 .

柯朗，罗宾，2005 . 什么是数学：对思想和方法的基本研究：增订版 [M]. 左平，
张饴慈，译 . 上海：复旦大学出版社：1.

克莱因，2002 . 古今数学思想：第二册 [M]. 朱学贤，申又枨，叶其孝，等
译 . 上海：上海科学技术出版社：3.

克莱因，2004 . 西方文化中的数学 [M]. 张祖贵，译 . 上海：复旦大学出版社 .

李铁安，2018a . 究竟如何塑造优质"数学文化课"[J]. 小学教学（数学版）(9)：
28-31.

李铁安，2018b . 让课堂彰显育人的本体功能 [J]. 教育研究（10）：85-92.

李铁安，2018c．如何理解"数学文化课"的内涵与价值 [J]．小学教学（数学版）
（1）：8-12．

李文林，2011．数学史概论 [M]．3 版．北京：高等教育出版社．

莫斯科维奇，2016．迷人的数学 [M]．佘卓桓，译．长沙：湖南科学技术出版社：15．

皮尔森，1992．文化战略 [M]．刘利圭，蒋国田，李维善，译．北京：中国社会科
学出版社：中文版前言 3．

泰勒，1987．文化之定义 [M]// 庄锡昌，顾晓鸣，顾云深，等．多维视野中的文
化理论．杭州：浙江人民出版社：99-100．

王青建，2004．论数学精神与数学教育 [J]．数学教育学报，13（2）：7-10．

维柯，1986．新科学 [M]．朱光潜，译．北京：人民文学出版社：182．

希尔伯特，1990．数学问题：在 1900 年巴黎国际数学家代表会上的讲演 [M]//
邓东皋，孙小礼，张祖贵．数学与文化．北京：北京大学出版社：259．

亚历山大洛夫，等，2001．数学：它的内容，方法和意义　第一卷 [M]．孙小礼，
赵孟养，裘光明，等译．北京：科学出版社．

岩崎允胤，1990．文化和人类活动的辩证法 [J]．哲学研究（2）：21-31．

詹国樑，2004．数学是模式的科学：从怀特海的《数学与善》谈起 [J]．苏州教育
学院学报，21(1):76-79，85．

张楚廷，2000．数学文化 [M]．北京：高等教育出版社：1．

张恭庆，1999．国际数学家大会和我们 [J]．中国数学会通讯（4）：7-13．

中华人民共和国教育部，2018．普通高中数学课程标准：2017 年版 [M]．北京：
人民教育出版社：10．

郑毓信，王宪昌，蔡仲，2001 . 数学文化学 [M]. 成都：四川教育出版社：126.

英文文献

LADSON-BILLINGS G, 1995. But That's Just Good Teaching!: The Case for Culturally Relevant Pedagogy[J]. Theory Into Practice, 34 (3): 159-165.

MORITZ R E, 1914. Memorabilia Mathematica; Or, The Philomath's Quotation-book[M]. New York: The MaCmillan Company: 36.

WILDER R L, 1968. Evolution of Mathematical Concepts: An Elementary Study[J], New York: John Wiley & Sons Inc.

亲爱的读者，当您翻看这本小书的时候，便是与它不期而遇了。与它的相遇也是与站在它背后的我的相遇；如果这份相遇会带给您些许美好，那么这份相遇的美好会让我感到不胜荣幸。于是，我会不由想起那些令我深深感动的师长、同道和朋友——

由衷感激我的两位恩师——李文林先生和宋乃庆教授！他们是指引我学术研究方向和道路的导师，是教导我一定要以科学精神和大爱良知从事教育科研的导师！这些年，我每每将自己对数学教育、数学课程改革和数学文化研究的思考、收获与困惑向二位恩师汇报和请教时，总是能够从他们那里得到启发、提醒与点拨。二位恩师对中国数学教育研究以及对中国数学课程改革与发展保有深刻见地和真挚期待。在将数学文化融入中小学数学教育教学研究的道路上，在努力为数学课程改革做出贡献的道路上，我将不负恩师的理想和期待，坚定前行。

特别感激我一直敬慕的远在大洋彼岸的安淑华教授！安教授不仅视野开阔，思想奔放，学养深厚，治学严谨，尤其令人感动敬佩的是她对祖国的数学教育改革与发展充满坚定信念和火热情怀。四年前，正是受邀参加她在中

后 记

国组织的"初中数学课堂教学改革与发展国际论坛",有幸结识安教授。那一次,安教授饶有兴致地参观了我设计指导的师生开展数学文化课程教学的展示活动。她非常激动地对我说:"铁安博士,在您指导的数学文化课上,孩子们设计的那些新颖奇特而又有实际意义的几何图案,如果拿给欧美的老师和孩子们以及数学教育研究者们,他们一定会非常吃惊的!他们会为我们中国孩子的好奇心、想象力和创造力所震撼的!"为此,在2019年,安教授邀请了近30位海外数学教育研究专家和一线教师参加了我倡导组织的"数学文化进课堂:意义、路径与展望"国际论坛。他们对我们的数学文化进课堂的研究与探索给予了高度好评。最让我感动的是,这次我把书稿发给安教授审读,请求不吝斧正,安教授竟主动提出:"等把您的大作通读细读之后,我可以给您写一个书评啊!"不知这本小书可否向安教授表达我的真诚敬意和谢意?

特别感谢教育科学出版社编辑郑莉老师!足足有五年了,在我们交流时,常挂在她嘴边的是:"我可敬可爱的李老师,书——《迷上数学》那本书,您是不是快要交稿了?"就仿佛我总是欠了她一个承诺似的!当我终于决定要写这本书之后,她多次和我商讨(其实也是我向她求教)本书的立意定位、意义价值、题材选择、内容结构、表达方式,包括书名和目录中标题的确定等。我深知,她和我一样,是要努力为广大一线小学数学教师提供一本悦目赏心的教学参考读物。在这个过程中,郑莉老师不辞辛劳地投注了许多闪亮的智慧。可以想见，如果没有她如此任性的"追债"，也就不会有这本书在今天的生成。

特别感谢《教学月刊·小学版》编辑部的邢佳立老师！在她热诚而精心的策划下，我的以"数学文化进课堂"为主题的一组文章在《教学月刊·小学版（数学）》上作为"专栏话题"发表。也正是在与佳立老师沟通文稿的过程中，我被她深厚的智慧、精致的思想、灵动的思维和率真的为人所深深折服！于是，她也就难逃成为审读我书稿的第一读者的苦差事了！佳立老师以"不留情面"的挑剔眼光精细地审读了我的书稿，提出了许多非常精准的意见和深刻建议。

特别感谢清华大学附属中学上地小学的张红校长和成都市行知小学校的杨薪意老师！她们是我非常欣赏的小学数学特级教师、数学教学名师，她们所写的书评奢侈地使用了太多溢美之词！这不免带给我一份忐忑，但也让我内心荡漾起一份荣光，重要的是它将化为新的动力！特别感谢同样不吝溢美之词于本书的《小学教学》编辑部殷现宾主编！我和现宾是十多年的朋友——对小学数学教育教学与数学文化进课堂的倾情关注和激情探讨，宛如牵连我们纯真而美妙的友谊的一根"红线"。这些年，但凡他约我投稿，总是不忘强加一句："注意考虑将来文章发表之后，可得能在人大'复印报刊资料'上全文转载啊！"这鼓舞我信心和带来动力的压力，也让我的多篇数学文化论文被人大"复印报刊资料"转载。

后 记

　　特别感谢大连经济技术开发区红星海国际学校于红娟老师，大连经济技术开发区红梅小学孔玥老师，清华大学附属中学上地小学王向征老师，北京市海淀区定慧里小学王晓娟老师，北京市海淀区民族小学毛海岩老师，中国教育科学研究院朝阳实验学校桂莉萍老师，武汉市东西湖区远洋世界小学杨雪老师，北京小学大连经济技术开发区华润海中国分校张惠云老师，大连高新技术产业园区中心小学刘余老师！那 10 个案例的教学不仅倾注了他们一次次辛苦打磨与智慧探索的心血，也以"高尚、本真、丰厚、灵动"的课堂教学演绎并实证了"让数学的神奇激发儿童的好奇"着实激动人心！"触动童心的数学文化课"的确可以让孩子们"迷上数学"！

　　还要特别感谢《小学教学（数学版）》编辑部主任胡远春老师、大连大学教育学院赵弘博士，还有一直陪同我磨课观课评课的唐焕波老师，与我开展博士后合作研究的孟梦博士和俞向军博士，以及和郑莉老师一样严谨、专业而饱含热情的教育科学出版社编辑殷欢老师！他们都对本书的形成做出了不容忽略和不该遗忘的贡献！

　　文章千古事，得失寸心知。愿以这本拙作与亲爱的读者共勉。

李铁安

2021 年 5 月

出 版 人　李　东
责任编辑　郑　莉　殷　欢
版式设计　宗沅书装　孙欢欢
责任校对　贾静芳
责任印制　叶小峰

图书在版编目（CIP）数据

迷上数学：触动童心的数学文化课／李铁安著．—
北京：教育科学出版社，2021.6（2023.9重印）
（数学文化进课堂丛书）
ISBN 978-7-5191-2661-2

Ⅰ．①迷… Ⅱ．①李… Ⅲ．①小学数学课—教学研究
Ⅳ．① G623.502

中国版本图书馆 CIP 数据核字 (2021) 第 141842 号

数学文化进课堂丛书
迷上数学——触动童心的数学文化课
MISHANG SHUXUE —— CHUDONG TONGXIN DE SHUXUE WENHUA KE

出 版 发 行	教育科学出版社				
社　　　址	北京·朝阳区安慧北里安园甲 9 号		邮　　　编	100101	
总编室电话	010-64981290		编辑部电话	010-64981357	
出版部电话	010-64989487		市场部电话	010-64989009	
传　　　真	010-64891796		网　　　址	http://www.esph.com.cn	
经　　　销	各地新华书店				
制　　　作	宗沅书装				
印　　　刷	中煤（北京）印务有限公司				
开　　　本	720 毫米 ×1020 毫米　1/16		版　　　次	2021 年 6 月第 1 版	
印　　　张	16.25		印　　　次	2023 年 9 月第 3 次印刷	
字　　　数	180 千		定　　　价	68.00 元	

图书出现印装质量问题，本社负责调换。